21世纪学前教师教育系列教材

总主编　朱家雄

幼儿美术教育与活动指导

吕耀坚　何海波　主编

中国人民大学出版社
·北京·

编委会

主编 吕耀坚 何海波

编委 曾 越 邵玲珠 盛 奕

沈 吟 俞雪芳 周晓伟

李 莉 吕敏萍 施林红

李 莹 魏 婷

前　言

幼儿美术教育是儿童启蒙教育的重要课程之一。通过美术的路径对幼儿有目的、有计划地施加影响，并促成他们的全面发展，是幼儿美术教育的重要目标。近年来，随着学前美术教育理论与实践研究的深入，以及《幼儿园教育指导纲要（试行）》与《3～6岁儿童学习与发展指南》中所倡导的幼教精神与理念的传播，幼儿园教育也开始逐步探寻如何结合美术学科促进幼儿人文素养的培育与各项能力的发展。这些都为幼儿美术教育课程建设提供了很好的条件。但从目前幼儿园的美术教育活动开展的现实情况来看，有的教师有意无意地把美术教育看作完全的美术技艺的传授，有的则把美术技艺看成非必要性的学习内容。从高校学前教育专业的实际情况来看，由于有教育学与心理学专业背景的专业师资缺乏，存在着幼儿美术教育课程被“美术化”的倾向，比如将幼儿园美术教育活动简单地理解成“教画画”“做手工”。这些现象的存在，会在一个较长的时期内影响学前教育师资专业水平的提升。我们组建团队，编撰《幼儿美术教育与活动指导》一书，旨在为学前教育专业的教师、学生以及广大幼儿园教师提供适宜的、科学的幼儿美术教育理论的帮助，力求发挥美术教育对幼儿发展的促进价值。

基于上述的思考，结合本、专科层次幼儿园教师美术教育教学素养的培养要求，我们对本教材进行了精心设计与编写，并试图体现如下几个方面的特点：

（1）以完整的幼儿美术教育观为指导，建立本教材的理论体系架构。在理论层面，强调幼儿美术教育对儿童全面发展的意义，在实践层面，强调在教育教学活动设计、组织以及评价等方面体现美术教育对幼儿发展的价值，真正体现幼儿美术教育是早期儿童全面发展的重要路径的观点。

（2）以学科教学法（PCK）的基本理论为依据，凸显幼儿美术教育课程结构的整体性特质。本教材的编撰把美术学科知识、教学法知识、儿童认知知识与教育情境知识作为幼儿美术教育教学活动设计、组织与评价的基本要素来建构，力求厘清幼儿美术教育教学体系中的各个构成要素之间的关系以及它们之间整合的意义。

（3）传统继承与科学创新相结合的特点。本教材将传统幼儿美术教育的理论与实践进行了梳理与继承，同时将近年来美术教育领域的理论与实践研究的新成果经过整理、汇总后编入教材，这部分内容重点体现在幼儿美术教学设计、美术区域活动设计与幼儿美术教育评价部分。

(4) 适用面广。本教材既可作为各类高师、高职类院校学前教育专业的美术教育课程教材，也可作为广大幼儿园教师继续教育的教材。

(5) 强调实践性。本教材在文本撰写、案例提供、实践指导等方面充分考虑到读者的特点和需求，在每章都设置了“本章摘要”“本章小结”“思考练习题”“推荐阅读书目”等栏目，旨在帮助学生拓宽视野，强化练习。

幼儿美术教育是一门理论与实践结合紧密，同时又直接面对幼儿园教学实践现场的学前教育专业基础课程。建议将教学学时设计为 48 课时，其中讲授为 32 课时，实践为 16 课时，平均每章分配 4～6 课时。

本教材有 8 章：第一章的第一节与第四节，第六章第一节、第二节由宁波教育学院何海波编写。第二章由温州大学曾越编写。第一章的第二节，第三章，第五章的第一节、第二节与第三节，第六章的第三节，第七章的第一节与第二节，由浙江师范大学吕耀坚编写。第四章由台州学院沈吟编写。第五章的第四节由宁波市江东中心幼儿园李莹编写。第七章的第三节、第四节由杭州市人民政府机关幼儿园俞雪芳、浙江师范大学邵玲珠、安吉县机关幼儿园盛奕、浙江师大杭州幼儿师范学院附属闻堰幼儿园周晓伟编写。第八章由浙江师范大学吕耀坚、李莉，四川师范大学魏婷共同编写。全书组稿、修订工作由吕耀坚与何海波完成。

本书在编写过程中得到了浙江师范大学杭州幼师学院、四川师范大学学前教育系、浙江宁波教育学院、浙江宁波市江东中心幼儿园、浙江师大杭州幼儿师范学院附属闻堰幼儿园、杭州万家星城幼儿园等教学单位的大力支持，同时，中国人民大学出版社的编辑对本书的编写给予了细致和耐心的帮助，在此深表感谢。

由于学术视野与美术教育实践的局限，书中难免有纰漏，我们真诚地希望专家、学者能够批评指正。

编者

2018 年 4 月

目录

第一章

幼儿美术教育的基本理论

本章摘要

幼儿美术是指0～6岁幼儿所从事的造型艺术活动，与其知觉、想象、创造力和情感发展都紧密相连。美术是幼儿自我表达与交流的一种方式，是幼儿发展水平的反映，是促进幼儿全面发展的重要途径，更是一种文化活动。区别于成人的美术活动，幼儿美术具有游戏性、经验性、多样性等特点。分析《幼儿园教育指导纲要（试行）》（简称《纲要》）和《3～6岁儿童学习与发展指南》（简称《指南》），我们会发现其价值导向是：强调幼儿美术活动兴趣的培养，强调尊重和珍视幼儿美术的独特性，强调教师恰当地支持幼儿的美术表现。审视《指南》的文本后，应明确幼儿艺术领域的学习与发展是与其他领域的学习与发展相互联系、相互渗透的。教师应该整合不同领域的教育，加强和促进各领域之间的联系，推进幼儿身心全面、协调地发展，才能体现《指南》所倡导的要“关注幼儿学习与发展的整体性”的基本理念。

第一节　幼儿美术教育与幼儿发展

幼儿美术是指0～6岁的幼儿所从事的造型艺术活动。幼儿生来具有美术活动的需要，这种需要是他们进行美术创作的内在动力。在美术活动中，幼儿将自己所感受到的客观世界进行思考和加工，通过操作美术材料，用美术语言表达出来。这是一个审美的创造过程。

一、幼儿美术及其特征

（一）幼儿美术和成人美术的区别

幼儿美术是以幼儿为主体的活动，和成人眼中高雅严肃的美术活动相比，幼儿美术有其独有的特征。无论是来自人们生活经验的总结，还是来自幼儿发展的科学研究成果均证明，幼儿的确具有亲近图像和热衷于绘画的天性。这与幼儿的表征能力发展具有直接的联系。30～36 个月的婴儿已经具备了惊人的表征能力，他们已经认识到图像与它所表征的物体之间的相似性或差异性。4 岁的幼儿开始认识到图像既是一个实体，又具有一定的符号意义，心理学称之为“双重表征”。这为幼儿认识世界提供了潜力无穷的心理能力。

1. 游戏性

鲁道夫·阿恩海姆（Rudolf Arnheim）认为，“儿童的绘画艺术有其独特的美”，“儿童绘画不是现实主义表达的失败，而是试图在纸上解决三维世界的问题所做出的心智努力”。这种观点为我们理解幼儿美术提供了新视角，最主要的是让我们认识到，幼儿绘画是一个探索世界、解决问题的过程。这就决定了幼儿绘画的游戏性。就实质而言，人类的艺术与幼儿的游戏是极为相似的，幼儿绘画与幼儿游戏更是紧密相连的活动。孔子最早提出了“游于艺”的主张，说的是熟练掌握各种技艺（礼、乐、射、御、书、数），就能达到如同游戏般的自如水平。从美学的高度最早将游戏与自由和美相联系的是德国哲学家席勒。我国的王国维、宗白华、蔡元培、朱光潜等也都诠释和论述过这个观点。对于幼儿来讲，美术本身就是一种独特的游戏，这种游戏一方面体现了幼儿的成长历程，一方面又丰富了幼儿的成长经验。正是在这种能做美术游戏的主人、能自己组织美术语言的过程中，幼儿逐渐认识了自我、实现了自我表达，并能遵守共同的规则，与他人交流和分享自己的创作，加速其从一个“生物人”到“社会人”的转变。因此，按照一定的游戏的特点和游戏的方式开展幼儿美术教育，才是最有趣和最受欢迎的活动。

2. 经验性

与成人美术可以涉及广泛的题材不同，幼儿美术的题材通常反映的是他们身边一些简单的事物，他们生活中的所见所闻和一些简单的知识。在选择美术工具材料和运用创作方法方面，幼儿也不可能像成人那样熟练，多是一些粗浅简单的材料和方法。在美术表达的形式上，幼儿显得相对单一，多是从简单的绘画、泥工、纸工开始。这些都与幼儿生活经验密切相关，所以幼儿美术作品和成人美术作品相比，有着显而易见的质朴和稚拙。正如美国幼儿教育研究者贾尼丝·贝蒂（Janice Beaty）说的，“当我们教儿童视觉艺术化，我们其实不是在教，而是给儿童提供丰富的、可操作的、具体的经验”①。

① 贝蒂．幼儿发展的观察与评价．7 版．北京：高等教育出版社，2011：376.

3. 多样性

正因为幼儿个体经验有限，才使他们在美术活动中愈加自由，愈少受约束。从幼儿美术作品中我们会发现幼儿不懂美术技艺，因而不受客观情理的限制，他们可以天马行空地想象构思，可以大胆地尝试不同的美术方法，可以直接通过美术表达自己的思想和愿望。

（二）幼儿美术特有的表现方式

观察幼儿美术作品，我们可以发现其中一些特有的表现方式，它们普遍地存在于幼儿的美术创作中。了解这些表现方式有利于我们站在幼儿的角度去理解和评价他们的作品，并为幼儿提供适宜的帮助。

1. 避免重叠和遮挡

"画其所知而非画其所见"是幼儿绘画的一个重要特征（见图 1－1）。幼儿认为每个图形都应该有自己的空间。绘画时总是避免图形之间发生相互遮挡或重叠（见图 1－2）。他们会尽量完整地将自己知道的东西展现在画板、纸上，即便这个东西在现实当中本来就由于遮挡不能被全部看到。

图 1－1 我在妈妈肚子里的时候

图 1－2 看电影

2. 追求秩序和平衡

幼儿有天生的秩序感和平衡感，而且能自发学会用重复、对称、旋转等方式来组织和安排图形，并且构图时总是表现出对有秩序的和结构平衡的图形的偏好。图 1－1 中，在小作者描绘妈妈生宝宝的场景中，如果移除两个被她画得相对小些的医护人员，这个画面就失去了平衡感。温思罗普·凯洛格（Winthrop Kellogg）研究发现，幼儿在绘画发展过程中所保留下来的、不断重复的图形都具有有序、平衡的特征，比如太阳和各式各样的曼陀罗形状。

3. 缺少透视构图

幼儿在表现三维立体空间时存在困难，主要是因为他们的认知水平发展有限，使他们出现了这个时期幼儿特有的构图方式：展开式构图、多视点构图和透明画（见图1-3）。

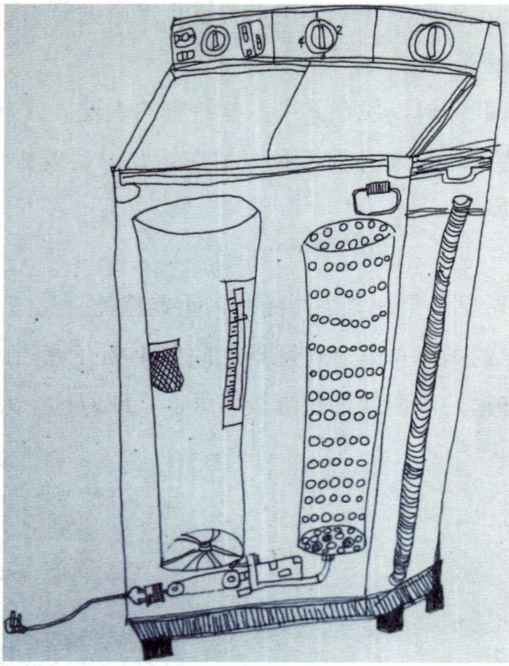

图1-3　洗衣机

二、幼儿美术与幼儿心理发展

（一）幼儿美术与幼儿的感知觉

感知能力是人类存在和发展的基本能力，每个人情感的生成、智慧的发展，都是建立在基本的感知能力的基础之上的。而在人的感知系统中，尤以视觉的作用最为重要。研究证明，一个人所获信息的80%以上都是由视觉提供的。因此，视觉是人的心灵与外界沟通的重要通道。

美术是诉诸视觉的艺术，所以通过美术活动能有效地训练幼儿的视知觉。尹少淳在《美术及其教育》一书中提出："视知觉能力无论作为智力发展的一个因素，还是作为智力的一个因素，都是十分重要的。因此，从智力发展的角度着眼，训练和发展学生的视知觉能力，的确是教育的一大任务。"同时，幼儿通过亲身体验，包括看、听、触摸、闻等多种感觉通道的协同活动来感知和感受现象世界，并利用审美直觉来加以表现、表达。因此，美术活动有助于培养幼儿感知觉的灵敏度、活跃性，激活幼儿对生命特有的感受能力，从而强化幼儿对事物的感知，培养敏锐的审美感知能力。

美术活动的审美感知是视觉器官对欣赏对象的形状、色彩、光线、空间、张力等要素所组成的形象的整体性把握，是审美主体的一种积极主动的心理活动。美国心理学家阿恩海姆认为："在不涉及知觉因素和再现因素下，对视觉符号所做的那些研究，不能算是全面的研究。""视觉乃是一种积极的器官。在观看一个物体时，我们总是主动地去探察它。"

在美术活动中，幼儿总是选择那些对他们来说富有审美意义的形象及结构特征的对象作为欣赏对象，在表现物体时常常突出和夸大那些与他们审美趣味吻合的部分，而淡化或忽略那些与自己审美趣味无关的部分。因此，那些富有生命力的色彩、线条、形象等便跃然纸上，形成幼儿独特的表达方式。由此可见，幼儿通过美术活动能够获得更多的视觉经验，发挥视觉感知的潜力，并以艺术的眼光去发现世界的真谛。

（二）幼儿美术与幼儿的想象

想象是指人脑对原有表象进行加工改造而建立新形象的心理过程，想象是大脑皮层对过去的暂时联系进行重新筛选、组合、搭配和接通，形成新联系的过程。想象按其创造性的成分可以分为再造想象与创造想象。再造想象是根据某一事物的图像、图解或言语描述在人脑中产生关于这一事物的新形象。创造想象是人们按照一定的目的在头脑中创造某一事物的新形象。

幼儿的想象能力通常约在2岁时表现出来并能观察到。他们常把日常生活中的某些简单的行为投射到自己的游戏中，开始出现象征性游戏。例如，把肥皂盒放在浴池里当船玩，把圆纸片当成饼干喂洋娃娃……所有这些都表明了幼儿象征功能的存在。

幼儿初期的想象常与知觉过程联系在一起。这是因为他们缺乏足够的生活经验，因而只能用想象来补充他们所感知的东西。例如，小班幼儿在绘画时，常常对自己所画的一些线条、图形进行漫无目的的想象：弯弯的一条线是一只在奔跑的小狗，也可能是一条躲藏在草丛中的蛇；两三个重叠的圆是宝宝的玩具，也可能是一条小青虫。

逐渐地，幼儿开始脱离实际物体进行自由自在、天马行空的想象。他们感兴趣的是绘画的创作过程。由于该时期幼儿想象的目的性不强，因此绘画主题常常发生变化，比如刚开始说要画一个电视机，结果却画成了一辆汽车。

随着知识经验的丰富以及抽象概括能力的提高，幼儿的绘画作品中开始出现了一些创造性因素。他们已经不再完全依照成人的描述或指示，而能根据自己的想象进行加工。幼儿在绘画时，能先构思后动笔，在内容上能反映丰富多彩的周围事物，在所画形象上能围绕主题展开。此时的幼儿绘画表现了他们天真的构思能力和奇妙的幻想力。在图1-4中，小作者描绘的是晚上打蚊子的情景，他用一个"×"符号加一条小竖线的方法，生动地描述了一只只蚊子的形象，体现了很好的主观创作的意愿与能力。

然而，创造想象毕竟是一项比较复杂的心理活动，需要较多的独立性和创造力。一般来说，幼儿的想象仍然是再造想象占主导地位。因此，在幼儿的绘画作品中，模仿的成分

图 1-4 打蚊子

较多，创造的成分还很有限。但是，不管怎样，“想象力比知识更重要，因为知识是有限的，而想象力概括着世界上的一切”。儿童画是幼儿心灵的写照，充满了想象和创造。幼儿画不仅反映了幼儿眼中的世界，也反映了幼儿心中的世界。

（三）幼儿美术与幼儿的创造力

创造力是人类区别于动物的最根本的特征之一。创造力是通过具体的创造活动和创造产品体现出来的。美国的美术教育家罗恩菲尔德（Victor Lowenfeld）指出：“创造性是人类所具有的本能，是一项天生的直觉，它是我们解决和表现生活困难的主要直觉，儿童在尚未学习如何使用它以前就懂得它。”对幼儿而言，其创造力显然是与他们所进行的活动分不开的。由于在不同的年龄阶段，幼儿活动的方式和内容不同，因此其创造力的表现的方式和内容也随之发生变化。

幼儿最初的创造始于模仿。通过模仿，新生儿获得了关于动作、事物间的联系的知识经验，为他们下一步的创造提供了条件和基础。随着年龄的增长以及生理和心理的发展，特别是当幼儿的想象力开始萌发、思维初步独立时，幼儿便能初步进行一些简单的创造活动了。

幼儿的创造力贯穿于他们的绘画与手工制作能力的发展之中。从最初的随意涂抹、粘贴，到画出一些符号和形状，做出一些简单的造型，再到把各种基本形状有选择地拼接在一起构成图像或物品，如人物、动物、植物、交通工具等，幼儿的创造力通过美术作品表现出来，并在美术创作活动中得到不断的发展。

绘画是幼儿比较常见，也容易发生的美术活动类型。在幼儿园的绘画中，最常见的是物体画、情节画、装饰画和意愿画。绘画的类型对于幼儿创造力发展的作用也是各不相同的。

物体画（见图 1-5）是幼儿在感知的基础上，围绕某一主题，通过记忆和经验加工完成的。因此，这类绘画能激起每个幼儿对于同一主题的不同内容的联想，幼儿在绘画中有充分的想象余地和表现自由，通过创造力、想象力来表现新的现象。

图 1-5　物体画：桌子

情节画（见图 1-6）要求幼儿根据自己的生活经验或听过的故事来构思画面，以表现一定的情节。那些鲜明的人物形象、有趣的情节、新颖的内容都能激发幼儿的想象力，开拓他们的思路，从而使其创造出具有一定情节的画面。

图 1-6　情节画：我家是动物园

装饰画虽然要求幼儿在一定的几何图形或日常生活用纸上用花纹、图案进行对称的、均匀的、有规律地装饰，但孩子们同样能运用各种不同的色彩构成千变万化的图案，一样有助于幼儿创造力的发挥和表现。装饰画也包括在“实物”的装饰创作，如瓶子、石头（见图 1-7）、原木等。

图 1-7　装饰画：石头闹钟

最能培养幼儿创造力的是意愿画。意愿画是幼儿根据自己的意愿，画自己想象出来的或是喜欢的事物。意愿画能满足幼儿想象的欲望，同时也能使幼儿的想象力在创作意愿画的过程中得到充分的发挥。

任何创造力都不是无源之水、无本之木，而是建立在相应的心理水平和知识经验基础之上的。有限的知识经验和能力水平决定了幼儿只能进行直观的、具体的、形象的创造。这种创造大多脱离现实，带有很大的夸张成分，不符合逻辑常识。在这种不受规范和习惯限制和制约的创造活动中，幼儿才能自然地、真实地表达自我，从而使美术作品具有更多的自在性、生动性和独特性。

（四）幼儿美术与幼儿的情感

情感是人对待周围现实和对待自身态度的一种稳定而持久的体验。情感既反映人对人的态度，也反映人对事物的态度，因此是反映现实的特殊形式。情感作为人的心理现象，在人的认识与实践活动中扮演着十分重要的角色。

这些原始的、基本的情绪是进化而来的，是不学天生就会的。这种情绪反应与生理需要是否得到满足有直接关系。婴儿在出生一段时间后，在自身成长和后天环境的持续过程中，情绪开始不断分化。

幼儿的情绪、情感随着成长而不断地丰富和深化。同时，对情绪、情感过程的自我调节也在这一过程中也越来越强。情绪的冲动性开始逐渐地减少，情绪的稳定性逐渐地提高，情绪、情感逐步从外露走向内隐。

美术是幼儿表现自我、抒发情绪和情感的一个重要途径，也是外化幼儿情感的最直接和最有效的方式之一。幼儿可借由线条、图形和色彩，直接地表达自己的喜怒哀乐。美术作为一种视觉语言，比一般的文字更直接也更具有包容性。当一个孩子发现笔可以在纸上或者墙上留下运动的痕迹的那一刻，孩子的兴奋只有你身处其中才可以理解。在美术活动中，孩子除了体会画笔的痕迹给他带来的新鲜兴奋感以外，还会发现原来他可以用这样的方式打开心门。因此，有人曾说："在孩子的绘画作品中，即使是一根非常简单的线条，也传达了他们的情绪和情感。"

美感是幼儿高级情感中的一种，是人对事物审美的体验，它是根据一定的美的评价而产生的。幼儿对美的体验，也有一个逐步发展的过程。众所周知，婴儿喜欢色彩鲜艳的东西。有人进行过这样一项试验：给婴儿看两个颜色不同的圆盘，测量他们注视圆盘的时间，发现 3 个月大的婴儿注视彩色圆盘的时间差不多是注视灰色圆盘的时间的 2 倍。这说明，婴儿不仅能辨别色彩，而且表现出对色彩的"视觉偏好"。有研究表明，新生儿已经偏向于注视完整的而不是五官凌乱颠倒的人脸画像，幼儿早期对色彩鲜明的玩具、饰物、图片等具有一定偏好，并且具备了初步的感知美术作品的能力。在环境和教育的影响下，幼儿逐渐形成审美的标准。同时，他们也能够从绘画、手工制作和美术欣赏中体验到美，而且对美的评价标准也日渐提高，从而促进了自身美感的发展。

人类在很早的时候，就已经发现美术能够外化人的情感，减弱人的心理压力，保护人的身心健康。在美术教育不断改革的今天，我们更应该让幼儿无拘无束地利用美术工具表达内心的情感，发挥美术的独特价值。

三、儿童美术教育的意义

（一）美术是儿童自我表达与交流的一种方式

在儿童还无法自如地运用语言文字来与人交流时，美术作为独特的符号系统成了他们用以表达自己的方式。洛利斯·马拉古兹（Loris Malaguzzi）说“儿童有一百种语言”，美术就是其中一种。通过美术进行回忆、记录、倾诉、创造甚至宣泄，这也为成人理解儿童打开了一扇窗。所以我们看待儿童作品时，不仅要从美术效果出发，还要重视它的语言功能，透过它来解读儿童。

（二）美术是儿童发展水平的反映①

国内外大量研究表明，儿童美术与其发展水平有对应关系。加德纳曾说过：“2 岁的孩子会抓起一支粉笔，在所能触及的任何东西的表面起劲地涂抹。3 岁的孩子则会画出大量不同的几何形状，包括谜一般的曼陀罗形状——把一个十字图形置于方块之中，4～5 岁的孩子则对再现对象进行不停的创造与再创造。”20 世纪 60 年代，温思罗普·凯洛格通过对 100 万张儿童画的研究，归纳了儿童从动作到有意义表征发展的过程，从涂鸦到图形，再到图形组合，又到曼陀罗和太阳，直至蝌蚪人和人与其他图形，在没有特殊外在因素影响的情况下，几乎所有正常发展的儿童都要经历这样的过程，不同文化背景下的儿童绘画有惊人的相似，因此我们似乎可以说儿童绘画形式的发展和他们身心各方面的发展水平是紧密联系的。另外值得一提的是，罗恩菲尔德将儿童绘画发展划分为涂鸦期（2～4 岁）、前图式期（4～7 岁）、图式期（7～9 岁）、写实萌芽期（9～11 岁）、拟写期（11、12～14、15 岁）和青少年艺术期（15～17 岁），这一研究结果和让·皮亚杰（Jean Piaget）的儿童认知发展阶段理论有惊人的对应性。

（三）美术是促进儿童全面发展的重要途径

1994 年美国《艺术教育国家标准》的前言中就提道：我们依赖艺术来帮助我们实现人性的完整。我们深信，认识艺术并展开艺术的实践对儿童精神思想的健康发展十分重要。因此，艺术与教育一词的含义密不可分。长期的经验告诉我们，一个缺乏基本艺术常识的人不能表明自身受过真正的教育。可见，艺术对儿童的教育功能并不局限于审美本身，而是促进儿童全面发展的教育重要内容之一。第一，美术活动需要儿童进行观察、思考、理解、记忆和创造，能有效促进儿童认知能力的发展。第二，美术活动中需要动手操

① 吕耀坚，孙科京．幼儿艺术教育与活动指导．北京：北京师范大学出版社，2012：27.

作，大小肌肉能够得到充分锻炼，进而有助于身体健康。第三，美术活动需要倾听和理解别人的意图，欣赏别人的作品，评价自己和他人的作品以及共同创作等，这个过程也是儿童社会性发展的过程。第四，美术活动需要儿童专注并且投入，按照需要选择材料和方法，遇到困难想办法解决等，这都是培养儿童良好学习品质的重要途径。除此之外，美术渗透到语言、科学等其他各个领域，都有助于儿童的全面发展。

（四）美术教育是一种文化活动

幼儿美术教育是为人类在未来都能够过一种精神富足、修养全面的生活奠定良好基础的文化活动。幼儿园美术教育不是为传授美术知识、技能、技巧而进行的教育，也不是为培养艺术精英而进行的专业美术教育。它不是仅仅面向极少数有艺术天分的幼儿进行的专才教育，而是把所有幼儿都纳入教育对象的范围，旨在培养每一个幼儿的整体美术素养，并促进其想象力、创造力、沟通能力、合作意识与能力、积极的情感态度、健全人格形成的教育，其最终目标是幼儿的全面、协调、均衡、可持续的发展。正如罗恩菲尔德所言，艺术教育“不是为了传授艺术而进行的教育”，而是通过艺术塑造和健全人格的文化活动。我们不是要求孩子画出精美绝伦的艺术作品，而是要多关注幼儿在美术活动中倾注的热情和积极表现的欲望，因为“儿童画是重兴趣而轻理法的，是近于漫画的一种绘画”[①]。这一点在我国《纲要》《指南》中也做了说明。只有改变旧有的美术教育观念，改变目前幼儿园美术教育缺乏艺术素养教育的现状，才能使幼儿园美术教育成为培养幼儿创造性思维、提升幼儿艺术素养、塑造幼儿完美人格的真正的素质教育，为幼儿全面发展奠定坚实的基础。

第二节　完整的幼儿美术教育观及其内涵

一、完整的幼儿美术教育观

完整的幼儿美术教育观需要回答的是基于幼儿全面发展教育目标的幼儿美术教育的目标是什么和通过哪些路径可以达成幼儿美术教育的目标两个重要的命题。全面发展教育目标指明了幼儿的“德、智、体、美”全面和谐发展的意义。幼儿美术教育领域是幼儿全面发展教育的重要阵地，认识幼儿美术教育在全面发展教育目标达成中的意义尤为重要。

讨论美术教育能为幼儿全面发展带来的意义，可以从考察幼儿美术教育活动的基本特质出发。

首先是动作性特质。幼儿，特别是 4 岁之前的孩子，其动作发展水平与他们的绘画表

① 丰子恺．丰子恺美术夜谭．上海：上海人民美术出版社，2004：33.

达和手工创作能力水平有着极其密切的关联。早期幼儿动作发展一般遵循先粗糙、后精细的次序，手眼协调能力也在动作发展的进程中逐步得到强化。美术创作，不管是绘画还是手工，都离不开对动作发展水平的依赖。艾斯纳（E. W. Eisner）就曾提出："从生理学角度来说，美术可以发展儿童的肌肉。"如何使得幼儿日常的绘画表达与手工制作与动作发展水平结合，是幼儿美术教育教学过程中需要解决的一个重要课题。符合幼儿动作发展规律的美术活动，会在有意地促进他们动作特别是精细动作发展的同时，有效地保护与引发他们的表现兴趣。

其次是认知性特质。美术创作的过程是幼儿个体的内部思维积极动员的过程。美术创作一般包括信息获取、信息加工以及表象输出等过程。在信息获取阶段，幼儿需要对其所面对的审美信息进行辨别、筛选；在信息加工阶段，幼儿需要激活头脑中储备的符号并与相应的审美信息进行连接，在大脑中形成一个个具体的表象；表象输出阶段也就是所谓的创作环节，幼儿需要结合活动环境所提供的材料、工具来决定用怎样的方式将表象显性化。在幼儿创作的整个过程，认知始终参与其中，其在促成美术创作的过程中，也促成了自身的发展。虽然在幼儿发展的早期，受个体认知发展水平的限制，认知参与水平比较低，但随着幼儿动作发展水平的提高和主观表现意愿的日益增强，幼儿认知、参与美术创作的水平也在快速的提升并逐渐占据主导的地位。

以绘画创作为例，幼儿绘画表达基本经历以下四个过程：一是简单组合，或两个图形单位之间的简单组合；二是复杂组合，或叫数个图形单位间的组合；三是同类系列，或系列图形单位概念的组合；四是场景表现，即通过一些图像的组合来描述一个事件、场景等。在幼儿绘画表达的发展进程中，他们的思维参与水平也在经历由具体到抽象、由个别到一般的变化过程。可以说，认知性特质是幼儿美术创作的一个核心特质。

再次是习惯性特质。美术创作既要关注结果也要关注过程，这在幼儿教育界已经是一个共识。幼儿美术创作过程的特征一般表现为两个方面：一是内部的思维加工过程，二是显性的行为表达过程。关于内部思维加工过程不再赘述，显性的行为表达过程是指幼儿是以一定的行为方式来达成美术创作目的的过程，包括学习行为、创作行为以及管理行为等。

就幼儿的发展而言，美术作品的呈现固然有其重要的意义，其结果可以体现幼儿的认知、社会性、情感以及动作技能等方面的发展。在创作过程中，美术对于幼儿学习品质的形成和良好习惯的养成有着重大意义。在幼儿创作的过程中，无时无刻不隐含着怎样与人交往，怎样管理材料、工具与环境，怎样掌握创作进程的机会和信息。一旦在美术教育过程中，教师帮助幼儿把握这些机会，并在一贯的合理要求与环境氛围中协助幼儿学会坚持，那么将有助于幼儿学习行为、管理行为以及交往行为的动力定性，对于其良好习惯的养成必然大有裨益。因此，幼儿美术教育的习惯性特质意指要把握在美术创作过程中存在的大量可以培养幼儿良好行为习惯与学期品质的机会。

最后是审美性特质。幼儿美术创作的过程是审美活动的过程，他们的美术作品是情感投射与寄托理想的重要对象。幼儿视角的真、善、美与假、恶、丑等体验时常能够呈现在他们的作品当中。艾斯纳认为，美术能帮助人们批评社会，并以隐喻的方式传达每种价值观；美术能将人带入梦幻和潜意识的境界，从而使心灵最隐秘处的思想和情感得以宣泄；美术以极其强烈的情感力量，培养人与人之间的亲善关系。美术教育需要将创作的过程与结果、作品的形式与内在相结合，完整地展现创作的审美意义，因此，促进幼儿对美的敏感性，培养他们对艺术与美的兴趣，为将他们培养成人格健全、独立完善的个体打下良好之基础，应该是幼儿美术教育的重要目标。

总而言之，幼儿美术教育作为幼儿教育的重要组成部分之一，其系统内部蕴藏着幼儿德智体美发展的大量机会与可能性。因此，跨出美术教育的小系统范畴，从幼儿整体人格建构与教育总目标的视野出发，对重构幼儿美术教育的价值取向有很重要的理论与实践意义。

我们以为，幼儿审美能力发展是美术教育的基本目标，但不是唯一目标，幼儿的认知智慧、行为习惯、肌肉动作、自主管理等方面的能力的发展也是美术教育能帮助幼儿达成的重要方面。因此，幼儿美术教育是整合型教育，而不是简单的审美创造性教育。

在完整的美术教育观的指导下，基于幼儿发展的美术教育课程必须包括美术教学活动、美工区域、其他与教育有关的美术活动和美术教育的环境创设四个方面。

一般而言，美术教学活动与美工区域是幼儿美术教育课程的基本活动。其中，美术教学活动一般具有高结构、集体性等特点，其一般包括技能学习导向、表现导向与欣赏导向三种美术教学活动类型。美工区域是一种相对结构较低，幼儿更为自主的美术活动类型。美工区域活动相对于传统的区角活动，是在活动室的某个较小的空间里，利用教师提供的美术工具与材料开展的活动。其他与教育活动相关的美术活动是指美术教育活动为其他教育活动的正常开展服务，起到的是辅助性的功能。美术教育环境创设是美术教育课程展开的重要部分，这是由美术的审美特性所决定的。

在完整的幼儿美术教育观的范畴之内审视构成美术教育课程的基本要素及其关联，需要有生态学观点的指导。它们是构成幼儿美术教育课程生态的生命基点，相互之间存在着动态的联结而非各自孤立。这种联结是依靠美术材料的运用、美术作品的流动、动作技能与思维技能的内化迁移、幼儿的主动参与以及教师的恰当的指引发生的。任何孤立地看待美术课程各个要素的思维，都将制约完整的幼儿美术教育观的践行。

二、以完整的幼儿美术教育观为指导处理几对关系

（一）幼儿美术教育领域与其他教育领域之间的关系

在幼儿园主题教育课程背景下，幼儿美术教育是综合主题教育的重要组成部分之一，

也是幼儿全面发展的重要路径之一。美术在幼儿发展中有着多维度功能，音乐中的图谱、绘本中的图画、科学探究与社会实践符号中的记录等，都是美术元素向相关领域拓展的结果。幼儿对绘画符号的创造与运用是学习、探索世界的重要工具，也是美术教育领域与其他教育领域产生关联的重要联结点。幼儿在手工制作中与各类材料、工具发生的关联，使得幼儿进行科学发现、问题解决以及同伴交往的机会增多。可以说，美术教育为幼儿提供了一个很好的发展平台，为相关领域活动的开展提供了适合幼儿的表达、表现的手段，而相关领域活动也为美术教育的展开提供了经验支持。相关领域活动与美术教育领域之间存在着相辅相成、互相依托的密切联系。

（二）幼儿美术教学活动与美工区域之间的关系

幼儿美术教学活动与美工区域是幼儿园美术教育课程中两个最为基本的构成要素，两者是美术教育微系统中两种互为依托的教育活动的形式。美术教学活动是相对高效的集体教学活动。教师通过美术教学活动可以比较高效地向幼儿传递必要的表现技能与思维技巧，帮助幼儿美术活动获得表达表现所需的必要支持。需要指出的一点，幼儿美术的集体教学活动绝非是教师教、幼儿学，单向的、缺少互动的课堂集体授课，而是需要更好地研究、落实如何在集体教学的实践中，引导幼儿们有效地学、教师有效地教，相互之间要有积极的互动。指向能力、兴趣、习惯的发展是美术教学根本的追求。

美工区域是相对低控的自主性美术活动。这类美术活动强调幼儿在活动中的自主管理、自主学习、自主创作能力，自主是这类活动的本质特征。必要的美术知识、技能的获得，是幼儿展开自主性美术活动的基础，美术教育活动是幼儿获得美术知识、技能的重要平台与途径。这就要求在幼儿美术教育课程中，处理好教学活动与自主性活动之间的关系。

（三）幼儿美术教育与幼儿审美环境创设的关系

审美环境是指在幼儿园内部，指向幼儿审美熏陶的幼儿园的宏观物理环境与指向幼儿美术学习与创作的微观物理环境。幼儿园审美环境与幼儿美术教育息息相关。审美教育是幼儿美术教育的基础目标，美术是美术教育依托的学科基础。美术是视觉的艺术。从宏观环境来看，需要很好的设计幼儿园整体的物理环境，需要呈现适合幼儿的美的环境；从微观物理环境来看，充足而有序的美术创作环境将展示美术的魅力，有助于形成环境磁场的效应，吸引幼儿主动与美术材料、工具产生互动，促进幼儿发展。适宜的审美环境创设是幼儿美术教育任务有效展开的基本条件，符合幼儿审美认知发展的基本要求。

（四）教师与幼儿之间的关系

幼儿美术教师首先是教师，然后才是美术教师，但仍然区别于专业美术教师。幼儿教育美术教师的身份是借助美术促进幼儿发展的教育工作者。教师在幼儿美术教育课程中的角色是多元的，他是技能的传递者、环境创设者、课程的设计者、学习的评价者、幼儿学习的对话者等多个角色的综合体。教师虽然在幼儿学习的不同情境、不同进程中扮演着不同的角色，但其基本的价值导向是促进幼儿在美术教育课程中的发展。

在幼儿美术教育中，幼儿的初始能力、学习或表现风格、年龄特征都有所不同。起始能力是指幼儿已有的美术表现、技能知识水平、参与美术活动的态度以及美术表现所需的生活体验等方面的能力。学习或表现风格是关于个体如何完成学习任务和接收信息的一些特征，由于每一个幼儿在心理与生理上存在个别差异，不同的个体获取信息的速度以及对刺激的感知与反应程度相应有所不同。幼儿在美术表现中的多元风格是幼儿美术教育个性化设计的一个重要原因。年龄特征是针对幼儿在学龄前各个阶段表现出来的认知、动作、社会性、能力、情绪与情感等方面的典型特征。幼儿在美术学习中的个体差异与阶段性差异，需要教师在美术教育课程设计中予以考量和尊重。教师在不同的课程设计中要找准自身的角色定位并适时转换，这不仅是对教师自身的一大挑战，也是对幼儿美术学习与创作活动的极大尊重。

（五）幼儿美术教育活动中的作品与学习故事采集、分析的关系

完整的美术教育观要求美术教育实践关注幼儿整体的和谐发展，幼儿的美术学习中的发展体现在他们的作品的表达与过程中的活动。美术作品反映了幼儿的学习认知、想象创造、审美倾向以及动作技能发展水平，但这不是幼儿美术教育唯一需要关注的。幼儿在美术学习与创作中体现的诸如自主、专注、兴趣、协商、合作、坚持等需要在过程中进行考察的品质也是美术教育的重要关注点。对幼儿美术教育的过程与结果的统整，才能有效地考察其对幼儿发展带来的意义。美术作品考察一般使用作品分析的方法，有目的地采集幼儿在美术学习、创作过程中的故事，并将其作为了解幼儿发展水平的基本依据。

第三节　幼儿美术教育目标解读

一、《纲要》中艺术领域的目标与要求

《纲要》明确提出了幼儿园艺术教育的目标是能初步感受并喜爱环境、生活和艺术中的美；喜欢参加艺术活动，并能大胆地表现自己的情感体验；能用自己喜欢的方式进行艺术表现活动。同时明确地提出以下有关幼儿园艺术教育的要求：

第一，引导幼儿接触周围环境和生活中美好的人、事、物，丰富他们的感性经验和审美情趣，激发他们表现美、创造美的情趣。

第二，在艺术活动中面向全体幼儿，要针对他们的不同特点和需要，让每个幼儿都得到美的熏陶和培养。对有艺术天赋的幼儿要注意发展他们的艺术潜能。

第三，提供自由表现的机会，鼓励幼儿用不同的艺术形式大胆地表达自己的情感、

理解和想象。

第四，在支持、鼓励幼儿积极参加各种艺术活动并大胆表现的同时，帮助他们提高表现的技能和能力。

第五，指导幼儿利用身边的物品和废旧材料制作各种玩具、手工艺品等，来美化自己的生活或开展其他活动。

第六，为幼儿创设展示作品的条件，引导幼儿相互交流、相互欣赏、共同提高。

二、《指南》中美术领域目标的解读

2012 年 10 月颁布的《3～6 岁儿童学习与发展指南》，对幼儿艺术领域学习与发展做出方向性要求。

艺术是人类感受美、表现美和创造美的重要形式，也是表达自己对周围世界的认识和情绪态度的独特方式。

每个幼儿心里都有一颗美的种子。幼儿艺术领域学习的关键在于充分创造条件和机会，在大自然和社会文化生活中萌发幼儿对美的感受和体验，丰富其的想象力和创造力，引导幼儿学会用心灵去感受和发现美，用自己的方式去表现和创造美。

幼儿对事物的感受和理解不同于成人，他们表达自己认识和情感的方式也有别于成人。幼儿独特的笔触、动作和语言往往蕴含着丰富的想象和情感，成人应对幼儿的艺术表现给予充分的理解和尊重，不能用自己的审美标准去评判幼儿，更不能为追求结果的“完美”而对幼儿进行千篇一律的训练，以免扼杀其想象与创造的萌芽。

(一) 感受与欣赏

目标 1　喜欢自然界与生活中美的事物

3～4 岁	4～5 岁	5～6 岁
1. 喜欢观看花草树木、日月星空等大自然中美的事物。 2. 容易被自然界中的鸟鸣、风声、雨声等好听的声音所吸引。	1. 在欣赏自然界和生活环境中美的事物时，关注其色彩、形态等特征。 2. 喜欢倾听各种好听的声音，感知声音的高低、长短、强弱等变化。	1. 乐于收集美的物品或向别人介绍所发现的美的事物。 2. 乐于模仿自然界和生活环境中有特点的声音，并产生相应的联想。

教育建议：

1. 和幼儿一起感受、发现和欣赏自然环境和人文景观中美的事物。如：

■ 让幼儿多接触大自然，感受和欣赏美丽的景色和好听的声音。

■ 经常带幼儿参观园林、名胜古迹等人文景观，讲讲有关的历史故事、传说，与幼儿一起讨论和交流对美的感受。

2. 和幼儿一起发现美的事物的特征，感受和欣赏美。如：

■ 让幼儿观察常见动植物以及其他物体，引导幼儿用自己的语言、动作等描述它们美的方面，如颜色、形状、形态等。

■ 让幼儿倾听和分辨各种声响，引导幼儿用自己的方式来表达他对音色、强弱、快慢的感受。

■ 支持幼儿收集喜欢的物品并和他一起欣赏。

目标 2　喜欢欣赏多种多样的艺术形式和作品

3～4 岁	4～5 岁	5～6 岁
1. 喜欢听音乐或观看舞蹈、戏剧等表演。 2. 乐于观看绘画、泥塑或其他艺术形式的作品。	1. 能够专心地观看自己喜欢的文艺演出或艺术品，有模仿和参与的愿望。 2. 欣赏艺术作品时会产生相应的联想和情绪反应。	1. 艺术欣赏时常常用表情、动作、语言等方式表达自己的理解。 2. 愿意和别人分享、交流自己喜爱的艺术作品和美感体验。

教育建议：

1. 创造条件让幼儿接触多种艺术形式和作品。如：

■ 经常让幼儿接触适宜的、各种形式的音乐作品，丰富幼儿对音乐的感受和体验。

■ 和幼儿一起用图画、手工制品等装饰和美化环境。

■ 带幼儿观看或共同参与传统民间艺术和地方民俗文化活动，如皮影戏、剪纸和捏面人等。

■ 在有条件的情况下，带幼儿去剧院、美术馆、博物馆等欣赏文艺表演和艺术作品。

2. 尊重幼儿的兴趣和独特感受，理解他们欣赏时的行为。如：

■ 理解和尊重幼儿在欣赏艺术作品时手舞足蹈、即兴模仿等行为。

■ 当幼儿主动介绍自己喜爱的舞蹈、戏曲、绘画或工艺品时，要耐心倾听并给予积极回应和鼓励。

（二）表现与创造

目标 1　喜欢进行艺术活动并大胆表现

3～4 岁	4～5 岁	5～6 岁
1. 经常自哼自唱或模仿有趣的动作、表情和声调。 2. 经常涂涂画画、粘粘贴贴并乐在其中。	1. 经常唱唱跳跳，愿意参加歌唱、律动、舞蹈、表演等活动。 2. 经常用绘画、捏泥、手工制作等多种方式表现自己的所见所想。	1. 积极参与艺术活动，有自己比较喜欢的活动形式。 2. 能用多种工具、材料或不同的表现手法表达自己的感受和想象。 3. 在艺术活动中能与他人相互配合，也能独立表现。

教育建议：

1. 创造机会和条件，支持幼儿自发的艺术表现和创造。

■ 提供丰富的便于幼儿取放的材料、工具或物品，支持幼儿进行自主绘画、手工、歌唱、表演等艺术活动。

■ 经常和幼儿一起唱歌、表演、绘画、制作，共同分享艺术活动的乐趣。

2. 营造安全的心理氛围，让幼儿敢于并乐于表达、表现。如：

■ 欣赏和回应幼儿的哼哼唱唱、模仿表演等自发的艺术活动，赞赏他独特的表现方式。

■ 在幼儿自主表达创作过程中，不做过多干预或把自己的意愿强加给幼儿，在幼儿需要时再给予具体的帮助。

■ 了解并倾听幼儿艺术表现的想法或感受，领会并尊重幼儿的创作意图，不简单用“像不像”“好不好”等标准来评价。

■ 展示幼儿的作品，鼓励幼儿用自己的作品或艺术品布置环境。

目标 2 具有初步的艺术表现与创造能力

3～4 岁	4～5 岁	5～6 岁
1. 能模仿学唱短小歌曲。 2. 能跟随熟悉的音乐做身体动作。 3. 能用声音、动作、姿态模拟自然界的事物和生活情景。 4. 能用简单的线条和色彩大体画出自己想画的人或事物。	1. 能用自然的、音量适中的声音基本准确地唱歌。 2. 能通过即兴哼唱、即兴表演或给熟悉的歌曲编词来表达自己的心情。 3. 能用拍手、踏脚等身体动作或可敲击的物品敲打节拍和基本节奏。 4. 能运用绘画、手工制作等表现自己观察到或想象的事物。	1. 能用基本准确的节奏和音调唱歌。 2. 能用律动或简单的舞蹈动作表现自己的情绪或自然界的情景。 3. 能自编自演故事，并为表演选择和搭配简单的服饰、道具或布景。 4. 能用自己制作的美术作品布置环境、美化生活。

教育建议：

尊重幼儿自发的表现和创造，并给予适当的指导。如：

■ 鼓励幼儿在生活中细心观察、体验，为艺术活动积累经验与素材。如观察不同树种的形态、色彩等。

■ 提供丰富的材料，如图书、照片、绘画或音乐作品等，让幼儿自主选择，用自己喜欢的方式去模仿或创作，成人不做过多要求。

■ 根据幼儿的生活经验，与幼儿共同确定艺术表达表现的主题，引导幼儿围绕主题展开想象，进行艺术表现。

■ 幼儿绘画时，不宜提供范画，特别不应要求幼儿完全按照范画来画。

■ 肯定幼儿作品的优点，用表达自己感受的方式引导其提高。如，“你的画用了这么多红颜色，感觉就像过年一样喜庆”“你扮演的大灰狼声音真像，要是表情再凶一点就更好了”等。

《指南》体现了我国对幼儿美术教育已经有了更深刻和更全面的认识。

（一）《指南》对艺术教育目标的表述和理解

《指南》将艺术教育部分划分为感受和欣赏、表现和创造两个部分，并从幼儿对艺术的态度（艺术兴趣）和艺术能力（感受和表现创作的能力）两个方面提出了四个目标：喜欢自然界与生活中美的事物、喜欢欣赏多种多样的艺术形式和作品、喜欢进行艺术活动并大胆表现，并具有初步的艺术表现与创造能力。其中前三个目标都用了“喜欢”一词，突显了“情感态度”在幼儿艺术教育中的重要地位和作用。反观当前重技能轻感受、重技能轻创造的教育观念，会使幼儿丧失对美术活动的兴趣。

（二）《指南》对各领域目标的幼儿典型性表现的表述

对于典型性表现有几点须做说明：典型性表现不宜视为这一年龄阶段每个幼儿在发展中必然表现出的行为；典型性表现是指这个年龄阶段中幼儿在学习与发展方面具有的“一般”特征，但并不排除个别性、特殊性；典型性表现不能包揽幼儿行为的丰富性和多样性。因此不能将典型性表现作为一种测量评价的工具。

比如针对《指南》的艺术教育第二个部分“表现与创造”中的目标 2——具有初步的艺术表现与创造能力，3～4 岁幼儿的典型性表现为：能用简单的线条和色彩大体画出自己想画的人或事物。这是一般幼儿在这一年龄阶段普遍具有的艺术表现和创造能力，但是在日常活动中我们也可以看到个别心智相对成熟的幼儿已经能通过两个简单的图形的组合表现人体（头和身体为圆形和椭圆形组合，四肢等其他部分仍以线条表现），同样也有个别幼儿还停留在线条的胡乱涂鸦阶段。

三、幼儿美术教育目标的分析①

幼儿艺术教育是教育者遵循幼儿教育的总体要求，根据幼儿身心发展的规律，有计划、有目的地通过艺术欣赏和艺术创作活动感染幼儿，培养其艺术审美能力与艺术创作能力，最终促进其人格和谐发展的一种审美教育活动。幼儿艺术教育虽包括艺术技能教育，但不能被片面地归结为技能教育。确切地说，幼儿艺术教育应该为幼儿素质的全面提高服务，与其他领域的教育活动融为一体，互相支持。换言之，幼儿艺术教育的本质在于使美术、音乐成为幼儿交流的方式，以促成幼儿创造性审美表现力、一般智慧以及非智力因素的发展，为幼儿提供个性表现与情绪表达的机会。只有这样，幼儿艺

① 吕耀坚．论幼儿园美术教育．幼儿教育（教育科学版），2010（12）．

术教育才有可能最大限度地促进幼儿个体的全面发展，为幼儿能够从美术、音乐的角度，在情感和思想上与他人进行心灵沟通，以审美的态度对待人类赖以生存的物质环境，以审美的立场去创造环境等方面提供必要的准备，实现幼儿园艺术教育的社会性目的与幼儿个体发展目的的辩证统一。

从艺术教育目标以及相关要求来看，《纲要》与《指南》试图从艺术教育内容的选择、幼儿的学习状态、艺术学习与艺术表现的关系等方面明确幼儿艺术教育的追求。本文从艺术学习内容、幼儿园艺术教师、幼儿、不同年龄段的艺术教育重心、艺术教学与评价以及环境创设等六个方面解读幼儿艺术教育目标，以提高幼儿艺术教育质量。

1. 艺术学习内容

幼儿艺术学习内容除了包括幼儿需要知道的必要的艺术知识、技巧外，还应包括艺术活动的智力技能与相关的认知策略、生活经验与体验、艺术学习的态度（对艺术活动本身、艺术活动中的人、艺术活动材料与工具的认识、喜好、选择行动的可能性等）和艺术活动展现出来的交往、合作技巧等。幼儿艺术学习内容的多元性是与艺术教育目标相匹配的。这样的艺术学习内容既关注了艺术学科的美，也关注了环境、生活的美。借助艺术教育可以有效地促进幼儿的能力、态度、认知、社会性、自我意识等方面的发展。

幼儿艺术学习内容有以文本方式存在的，也有以非文本方式存在的。文本方式的艺术学习内容主要以教学资料为主。在与文本的有效对话中，幼儿可以获取文本的显性与隐性信息，实现艺术教学价值的最大化。教师在活动主题的指引下，要善于发现生活中适合幼儿学习和表现的、与艺术相关的学习内容，必要时可以将这些内容加工成便于幼儿理解的具体文本，以便为幼儿的艺术学习和表现提供支持。依据幼儿的学习能力和经验，将适合幼儿的非文本内容加工成文本，是幼儿园艺术教师应具备的基本能力之一。

2. 幼儿园艺术教师

幼儿园艺术教师首先是教师，而后才是艺术教师，但不是专业艺术教师。他们事实上是借助艺术促进幼儿发展的幼儿教育工作者。

用《纲要》与《指南》的精神审视幼儿园艺术教师的角色身份，会发现教师有必要将规划课堂与控制课堂的主动权逐渐转交给幼儿。

在实践中，教师必须使幼儿的内在能量释放出来，让他们在活动中真正“活”起来，从原有的静听模式中走出来，建构积极、有效的多项互动。在多项互动式的幼儿园艺术教育活动中，教师必须转变观念，尊重幼儿的主体地位，不仅要把幼儿看作对象、主体，还要把幼儿看作教学资源的重要生成者。

与此同时，教师要积极建构超越艺术学科的生态性知识结构，协调艺术学科与幼儿教育一般理论及其他相关学科的关系，强调艺术活动在培养幼儿的综合能力、人文精神、审美能力、创新意识方面的重要作用。

此外，教师还要加大对艺术教学活动的研究力度，在设计活动时有鲜明的结构意识，能设计富有灵活性的、系统的艺术教学方案。作为幼儿园艺术教师，其工作价值取向应该是借助艺术手段激活幼儿内在的表现与创作动机，促使幼儿从可能的主体转向现实的主体。

3. 幼儿

开展幼儿园艺术教学活动的目的是促进幼儿的发展，养成良好的学习品质，幼儿在活动中应受到充分的尊重。教师在设计艺术教学活动时要重视幼儿的起始能力、学习或表现风格以及年龄特征。这里所说的起始能力是指幼儿已有的艺术表现技能和知识水平、参与艺术活动的态度以及艺术表现所需的生活体验。学习或表现风格是关于个体如何完成学习任务和接收信息的一些特征。年龄特征则是指幼儿在各个年龄段所表现出的认知、动作、社会性、能力、情绪与情感等方面的典型特征。对年龄特征的分析有助于教师在设计艺术教学活动时确定活动目标，使教师在学习内容的选择、评价方案的设计等方面更具针对性，有助于促进幼儿的主体意识的发展。

强调幼儿的主体性，是对幼儿积极的内心状态的关注，积极的内心状态又是引发幼儿艺术创作冲动的根本动因。关注幼儿的经验和体验，创设良好的艺术学习氛围，是促使幼儿产生和维持艺术表现与创作的积极状态的重要条件。因此，教师在组织艺术教学活动时有必要关注师幼关系、幼幼关系、师幼与物之间的关系等细节化的内容，例如，教师在课堂中的话语是否开放、幼儿是否拥有话语权、师幼之间有没有双向互动、提供的材料是否有效，等等。

4. 不同年龄段的艺术教育重心

如何依据幼儿发展的可能性与个体需要开展幼儿园艺术教育，是一项重要的研究课题。在幼儿艺术表现能力发展的不同阶段，他们的艺术学习也有很大差异，需要教师设计有针对性的教学活动。

以美术为例，2～3 岁的幼儿对涂鸦感兴趣，但学与用的能力比较弱；4 岁左右的幼儿对象征图形创造充满兴趣，但往往会出现表现冲动与表现技巧缺乏之间的矛盾；5～6 岁的幼儿对情节画创作有兴趣，也具备较为丰富的经验与表现技巧。因此，对2～3岁的幼儿，应设计以涂鸦为主的美术游戏。“玩”应该是这个阶段美术教学活动的重心。在幼儿享受“玩”带来的乐趣的同时，教师可以逐步引导他们感受各种色彩、线条、图形等的美，再逐步发现、感受生活和美术作品中的美，激发幼儿的创作冲动与“学”的欲望。教师要为幼儿提供必要的涂鸦条件，鼓励幼儿涂鸦；要认真倾听幼儿对涂鸦作品的解释，尊重幼儿的表达和创作成果。对 4 岁左右的幼儿，教师应注重扩展他们的象征符号的储存量，并引导他们将象征符号与生活中具体的事物相联系，允许他们大胆地命名自己创造的象征符号，为他们提供各种美术表现所需要的技能支持等。“学”应该成为这个阶段美术教学活动的重心。对5～6岁的幼儿，教师可以在幼儿学习情节画构思与构图的基础上，引导他们大胆进行美术表现。“用”应该是这个阶段的重心。教师要鼓励幼儿用自己创造的美术作品来表达思想感情、美化生活、开展游戏，并通过美术活动的参与与创造，进一步体会美术、文化与生活之间的关系。

可以看出，在不同的年龄阶段，幼儿的艺术能力发展都表现出不同的特征。了解幼儿、研究幼儿、发现幼儿，应该是幼儿艺术教育的基本策略。

5. 艺术教学与评价

幼儿园艺术教学对幼儿艺术能力的发展有很重要的意义，做好艺术教学需要考虑以下两个方面的问题：

第一，要适应幼儿艺术能力的发展阶段。艺术教学如果与幼儿的需求与理解能力不匹配，很可能会导致教学低效，甚至会引起幼儿的反感。就视觉艺术而言，艺术教育家汉斯·霍夫曼（Hans Hofmann）认为，艺术创作有三个阶段：创作者对社会、自然界的视觉获取阶段，创作者对视觉形象的转化阶段和创作者的创作阶段。创作者在不同的艺术创作阶段有不同的需要。在视觉获取阶段，需要了解如何获取表现信息，如观察的技巧等。在转化阶段，需要了解如何转化，如象征符号的创造与联结的技巧等。在创作阶段，则需要了解如何创作，如艺术表达的技巧等。教师在设计艺术教学活动时要有过程概念，要清楚处于特定艺术能力发展阶段的幼儿有什么样的兴趣、需要什么样的帮助。

第二，讲究艺术教学的效率，艺术教育要讲究教、学、用合一。幼儿艺术教育中教师的教与幼儿的学固然重要，但幼儿是否有能力与意识将在幼儿园中获得的艺术知识、技能进行迁移、扩展，才是艺术教育的核心问题。因此，研究以何种方式真正地提升幼儿艺术修养就很重要。

幼儿园艺术教育评价可以理解为教师与幼儿之间的信息交流与沟通，不应仅仅是关于“好”或“差”的认定，还要体现素质教育的特性。幼儿园艺术教育在审美认知、审美情感、审美创造以及社会性发展等方面的价值追求决定了艺术教育教学评价的多维性。幼儿年龄与个体差异、艺术表现过程与结果的差异、艺术表现形式与内容的差异等，决定了评价的复杂性。

因此，要形成统一的艺术教育评价标准的目标是不现实的。有效的艺术教育评价只能是依据幼儿的年龄、个体差异、经验背景等，做出有针对性的评价。幼儿在美术作品、歌唱、韵律表演中表现出的差异可以帮助教师了解他们的思维方式和内心世界。教师需要了解与欣赏幼儿之间的差异。教师对这些差异的欣赏会对幼儿自我形象的建立产生积极影响，因此，认可幼儿在艺术创作中的差异存在，应该成为评价的重要原则。

在评价方面，教师可以借鉴松散型的、有差异的评价方式。这是一种以问题为导向的定性评价方式。教师可以向自己提出问题，例如，幼儿发生了哪些变化，这些变化是自然发展的结果还是教师帮助的结果，幼儿的作品与表演是否更自主、更有创意了，对艺术活动是否更有兴趣了，幼儿能否接纳他人的作品，教师能否为幼儿提供有效的帮助，课程计划是否符合不同年龄段艺术教育的重心，等等。不同的问题可以考察幼儿不同层面的发展状态，也可以考察教师艺术教育的有效程度。有差异的评价方式可以帮助教师了解幼儿在知识、技能、认知、情感等方面的发展状况，也可以了解阶段性教育效果及存在的问题等，还可以为教学活动最终效果的评价提供依据。

6. 环境创设

艺术教育的开展需要环境资源的支持，不同的环境背景会导致不同的艺术教育结果。主题教育环境、墙面环境以及艺术区域活动环境是幼儿园艺术教育环境建构中需要考虑的三个重要元素。

在主题教育活动中考虑艺术环境创设，有利于丰富幼儿在学习过程中的审美感受，帮助幼儿积累各种基本经验，也有利于教师纠正以往偏重于学科本身的知识和技能的弊端。

墙面环境是幼儿园艺术教育文化氛围建构的重要阵地。好的墙面环境应该能为幼儿提供良好的审美刺激。功能区设置、色彩搭配、图案设计等都要考虑幼儿的特征和需求。幼儿园的墙面环境是幼儿的，幼儿应成为墙面环境文化建设的主体。

艺术区域活动是幼儿园艺术教学的延伸，是幼儿园艺术教育中教、学、用相结合的实践场地。基于对艺术技巧高自由度的运用，艺术区域活动可以着重体现艺术教育“以幼儿为本”的人文精神，是艺术教育目标落实的重要场域。结合幼儿园的实际情况创设艺术区域活动环境，为幼儿提供合适的材料、工具和场所，这应该是幼儿园环境建设的常态工作。

幼儿园艺术教育的有效开展需要立足于各个元素的准确定位，也只有这样才能形成合力落实《纲要》与《指南》中艺术教育目标的精神内涵，真正促进幼儿的全面发展。

第四节 《指南》对当今幼儿美术教育的启示

一、基于《指南》审视幼儿美术教育

《指南》从科学的角度对整个幼儿教育及其目标进行新的定位和解释，其中对艺术领域也提出了新的要求。

首先，明确了幼儿艺术活动的价值倾向。认为艺术活动是“幼儿精神生命活动的表

现；艺术是幼儿感性地把握世界的一种方式，是表达对世界的认识的另一种‘语言’，艺术具有促进幼儿向善与益智的价值”①。这种价值倾向更关注幼儿主体借助艺术的形式，表达自己在世界中经历的情感体验，而非以认知为目标的对世界的刻板复制。

其次，提出了幼儿艺术活动的学习特点。基于这种幼儿艺术教育的价值取向，《指南》艺术领域又提出两个子领域：感受与欣赏、表现与创造。二者指出了幼儿在艺术领域的学习与发展特点，注重幼儿对各种艺术形式的感受、体验、探索等前期经验的积累，借助对艺术的自我感悟与自我经验，从而实现对世界及生活中的艺术自我表达与创作。

最后，建议了幼儿艺术活动目标实现的关键要点。针对两个子领域的提出，《指南》中又明确要求幼儿艺术活动：（1）要为幼儿创设丰富的艺术环境，提供多样的艺术材料；（2）在教师创设的问题情境中引导幼儿探索艺术及运用材料解决问题；（3）更重要的是在评价方式上，不但要关注幼儿所呈现出来的艺术作品，还要关注幼儿在艺术活动中的观察、思考、运用艺术形式及艺术语言的能力，以及对艺术工具和材料的探索过程。

根据《指南》对艺术领域提出的新理念和新诉求可以得出，新的时代背景下，我们应当关注：（1）艺术是幼儿认识世界、表达自我的独特方式，美术作为艺术种类之一，其图形语言具有直观性、形象性、情感性，符合幼儿的思维特点，适合幼儿表达自己对整个世界的认识；（2）实现幼儿借助艺术手段来表达对世界的感性认识的目标，需要经历两个层面，先感受、体验和欣赏，进而习得关键的审美感受与艺术经验，从而借助艺术关键经验来组织和呈现自己对世界的感性认识；（3）具体实践起来，教师在艺术活动中要为幼儿创设丰富的艺术环境、艺术材料和手段，给幼儿提供各项艺术要素探索的机会，并关注幼儿艺术思考与创作的整个过程②。

二、《指南》对幼儿美术教育的启示

《指南》作为新《纲要》的发展，进一步厘清了幼儿美术领域的核心价值和基本理念，同时它作为工具，能够帮助教师在美术活动的场景中观察和理解幼儿，从而为教师提供支持性的教育策略。

（一）强调幼儿美术活动兴趣的培养

在《指南》关于艺术教育的四个目标中，前三个目标都以“喜欢”一词开头，兴趣培养的重要性可见一斑。对幼儿而言，兴趣是参与美术活动的根本动力。

① 李季湄，冯晓霞.《3～6岁儿童学习与发展指南》解读. 北京：人民教育出版社，2013：152.

② 王娆. 幼儿美术语言的习得与表现. 西安：陕西师范大学，2015.

首先，教师要注意保护幼儿与生俱来的爱美之心，引导他们去发现身边的美，去理解和欣赏美术作品的美，去表达自己心中的美。其次，教师应为美术活动创设宽松的环境，提供丰富的材料，让幼儿感觉到环境的安全和活动的自主。再次，在组织美术活动时，教师要尽量采用活动化和游戏化的方式，让幼儿在操作和玩耍中体验和运用美术。最后，在活动后的评价环节，教师也应该让幼儿体验到成功的快乐。只有让幼儿爱上美术，美术教育才能走得长远，并且有大的作为。

（二）强调尊重和珍视幼儿美术的独特性

《指南》明确提出，幼儿感受和欣赏美、表达和创造美的方式都与成人有所不同。幼儿艺术感受是以感知为基础的，是直觉的、富于想象又充满情感的，幼儿的艺术表现基于他们的发展特点，是建立在他们对美的理解基础之上的。

因此，我们反对为了做出某种“满意的效果”而让成人代替幼儿思考，也反对成人过于主观，甚至草率地评价幼儿的美术作品。成人应该尊重幼儿的兴趣和他们对美的独特感受，理解他们的视角，也理解他们欣赏时的行为。

（三）强调教师恰当地支持幼儿的美术表现

《指南》指出幼儿应该具有初步的艺术表现与创造的能力。“幼儿的艺术表现是儿童在头脑中形成审美心理意象，利用艺术的形式语言、艺术的工具和材料将他们重新组合，创作出艺术作品的能力。”① 幼儿进行美术表现和创造所依赖的各种元素都和教师的支持分不开，简单地“无为而治”不能帮助幼儿完成美术表现。

幼儿要形成审美心理意象，跟他们已经积累的审美经验是分不开的；美术的形式语言也是幼儿在各种各样的美术活动中逐步掌握；对美术工具和材料的探索也离不开教师的引导。在幼儿美术活动中，教师首先要提供恰当的工具材料让幼儿使用，并教会幼儿使用工具、材料的最基本的方法；此外，教师要通过示范、提问和讨论等适宜的方式帮助幼儿理解最基本的美术知识和有趣的方法技巧。有了这些最基本的素材，幼儿的表达表现就不会是空中楼阁，而是有意义的审美活动。

在这里特别需要指出的是，《指南》在教育建议中提到“幼儿绘画时，不宜提供范画，特别不应要求幼儿完全按照范画来画”，这个建议对于那些长期使用逐步示范来进行美术教学的幼儿园来说具有重要警醒意义。然而在一线教学中，也有老师因为对这个建议做出片面理解而造成了在美术教育中无所适从甚至完全不作为的状况。要理解这条教育建议，我们可以对范画做以下思考：

第一，范画和示范绘画不同。范画是一个完整的作品，而示范绘画则是教师一步一步带着幼儿来进行绘画，范画给幼儿对一幅绘画的完整体验，但示范绘画是教师把绘画分解

① 孔起英．理解儿童的艺术，实施支持性的教育策略：《指南》艺术领域解读．幼儿教育，2013（28）：7.

成了很多小的点线形让幼儿分别模仿。示范绘画基本是让幼儿完全处于被动模仿的状态，画得像无疑是首要的目标。而范画有可能让幼儿从整体上感知作品，给幼儿相对发挥的空间。因此幼儿美术教育应该避免用示范绘画教画画的教学方式，而对于范画，特别是多重范画，教师不需要完全禁止，而应该揣摩如何恰当地使用。

第二，范画教学和运用范例不同。范画教学通常是教师直接提供单一的自己完成的绘画作品，让幼儿照着教师的画来绘画，如果使用这种方法来进行幼儿美术教学，那么势必会剥夺幼儿体会实物和思考的机会，造成幼儿依赖范画而不敢创造的结果。但范例是多种多样的，给幼儿观察的实物和模型，给幼儿欣赏的多幅同一主题或同一作者的作品都是幼儿园常用的范例，范例是在给幼儿提供经验、是在帮助幼儿去体会和感知的媒介，不仅可以使用，而且应该多多使用。

因此，《指南》并不反对使用范例，甚至没有完全禁止范画，但前提是在不影响幼儿发展的情况下合理地使用它们。如果因为“不宜使用范画”而完全不给幼儿看成人的作品，甚至在美术活动中完全不干预、不介入，也是不合适和不负责任的。不宜使用范画，不等于不能使用范例，示范教学是幼儿美术学习的重要路径。我们需要思考的是怎样的范例是幼儿美术教育教学所需的，应该怎样为幼儿进行示范。

《指南》阐述了幼儿各艺术领域发展的目标，还提供了各目标的典型表现来帮助成人更好地理解目标。作为一个评价工具，成人可以运用指南在情境中来观察幼儿的学习和发展，在此基础上实施支持性教育策略。

除上述特点外，《指南》不仅面向幼儿园教师也面向幼儿家长，因而能够指导家长在家庭中科学地实施美术教育，为幼儿的美术学习和发展创设更理想的环境。

三、《指南》视野下的各领域融合①

基于《指南》，教师应全面了解各领域各年龄阶段幼儿行为发展的特点，整合各领域教学，推动相互之间的联系，真正落实《指南》所倡导的“关注幼儿学习与发展的整体性”的理念。

（一）幼儿健康教育与幼儿艺术表现与创造的联系

《指南》指出：“发育良好的身体、愉快的情绪、强健的体质、协调的动作、良好的生活习惯和基本的生活能力是幼儿身心健康的重要标志，也是其他领域学习与发展的基础。”

《指南》在“健康”领域的“动作发展”中提出了促进幼儿“手的动作灵活协调”的发展目标，并根据幼儿的年龄特点，从手的动作的灵活与协调以及使用工具这两个维度提出了幼儿在各年龄段学习与发展的具体目标。如：

① 侯素雯，林建华．幼儿园美术活动这样做．上海：华东师范大学出版社，2014：9.

- 3～4 岁能用剪刀沿直线剪，边线基本吻合；
- 4～5 岁能沿轮廓线剪出由直线构成的简单图形，边线吻合；
- 5～6 岁能沿轮廓线剪出由曲线构成的简单图形，边线吻合且平滑。

（二）幼儿语言发展与艺术表现和创造的联系

《指南》在“语言”领域的“阅读与书写准备”部分提出了“具有书面表达的愿望和初步技能”的发展目标。《指南》从书面表达技能发展的角度提出，不同年龄段的幼儿依次表现出“喜欢用涂涂画画表达一定的意思”（3～4 岁）→“愿意用图画和符号表达自己的愿望和想法”（4～5 岁）→“愿意用图画和符号表现事物或故事”（5～6 岁）的梯度发展顺序。同样，幼儿美术表现和创作水平的发展一般表现为：在涂鸦过程中得到满足→关注命题所表现的情景→关注情节表现。可见，幼儿语言发展与幼儿美术表现和创造的梯度发展两者相辅相成、互相推动。

（三）幼儿科学教育与艺术表现和创造的联系

幼儿的科学学习是幼儿在解决实际问题的过程中发现并理解事物本质和事物关系的过程，主要包括科学探究和数学认知。幼儿在对自然事物的科学探究和运用数学解决实际生活问题过程中，不仅能获得丰富的感性经验，充分发展形象思维，而且还可以在感知具体事物的基础上，逐步发展逻辑思维能力，为其他领域的深入学习奠定基础。

从无意识注意向有意识注意发展，幼儿注意力的稳定性和敏捷性逐步提高，进而推动观察能力的发展。观察能力的提升又直接推动幼儿的表现和创造意识走向深入。同样，幼儿艺术表现能力也受感知形状与空间的制约，并同感知形状与空间关系的能力同步发展。

（四）幼儿社会性情感与艺术表现和创造的联系

幼儿社会领域的学习与发展过程是幼儿社会性不断完善并奠定健全人格基础的过程，它渗透在幼儿日常生活的方方面面。在美术活动中，教师努力营造相互尊重的氛围，保护幼儿的自尊心、自信心，并提出适度挑战的目标，支持幼儿的自主表现和创造，所有这些都与“人际交往”中提出的“具有自尊、自信、自主的表现”的发展目标相契合。

由此可见，幼儿艺术领域的学习与发展是与其他领域的学习与发展互为联系、相互渗透的。教师应该整合不同领域的教育，加强和促进各领域之间的发展联系，推进幼儿身心全面地、协调地发展，才能体现《指南》所倡导的要“关注幼儿学习与发展的整体性”的基本理念。

本章小结

通过分析《纲要》和《指南》，发现其价值导向是：强调幼儿美术活动兴趣的培养；强调尊重和珍视幼儿美术的独特性；强调教师恰当地支持幼儿的美术表现。审视《指南》

的文本后，应明确幼儿艺术领域的学习与发展是与其他领域的学习与发展互为联系、相互渗透的。教师应该整合不同领域的教育，加强和促进各领域之间的发展联系，推进幼儿身心全面地、协调地发展，才能体现《指南》所倡导的要“关注幼儿学习与发展的整体性”的基本理念。

思考练习题

1. 简述幼儿美术和成人美术的区别。
2. 简述幼儿美术特有的表现方式。
3. 分析《指南》对幼儿美术教育的启示。

推荐阅读书目

1. 黎荔，李建群．艺术导论．西安：西安交通大学出版社，2008.

2. 李季湄，冯晓霞．《3～6 岁儿童学习与发展指南》解读．北京：人民教育出版社，2013.

3. 阿恩海姆．艺术与视知觉．成都：四川人民出版社，1998.

第二章

中外儿童美术教育理论简介

本章摘要

本章将对国内外儿童美术教育相关理论的基本思想进行介绍和阐述。通过学习中国、日本和西方国家不同学者对儿童不同时期美术能力及特征的研究，进而广泛了解儿童视知觉及其思维的研究，艺术教育与整体教育关系的研究，以及艺术与智力、艺术与儿童人格表现等的研究。

第一节　中国儿童美术教育相关理论

一、以陈鹤琴为代表的早期儿童美术教育思想

陈鹤琴（1892—1982）是我国儿童心理学的开拓者，也是我国儿童审美心理发展研究的开拓者。他于1914年毕业于清华学堂，1917年至1919年在美国哥伦比亚大学深造，五四运动期间，陈鹤琴回国，并先后任南京高等师范学校教授、东南大学教授兼教务主任。1923年创办南京市鼓楼幼稚园，作为从事儿童心理学和教育研究的实验园地。他一生致力于儿童教育的实践和研究，并以其长子陈一鸣为被试和观察对象进行了长达十几年的观察研究，提出了比较系统的儿童美术教育理论。

陈鹤琴认为，儿童美术教育是促进儿童身心发展的重要教育活动，在实现儿童全面发展教育中起着重要的作用。儿童美术教育的价值，具体表现在四个方面：第一，绘画可以表现儿童的美感；第二，绘画可以发展儿童的思想；第三，绘画可以增进儿童的知识；第四，绘画可以练习儿童的目力与手力。陈鹤琴认为，儿童美术教育必须要依据儿童心理特

点来开展。他在1928年写的《整个教学法》一文中批评以前的幼稚园教学是不合教育原理、四分五裂、违反儿童生活、违反儿童心理的。例如，把国语、算术、社会、自然、图画、手工、歌唱、游戏、故事、卫生等科目都分得很清楚，不相融合。所以，儿童美术教育应当根据儿童图画心理的发展，分别采取不同的教学方式，随时随地指导儿童观察，以培养儿童正确的观念，启发儿童的思想①。

在儿童绘画的动机上，陈鹤琴反对"天赋说"和"生理机能说"，并提出了"刺激-反应"说。"天赋说"认为儿童绘画的原因是来自儿童内心的一种冲动。这种观点流行多年，至今仍有影响。"生理机能说"认为，儿童喜欢绘画是为了满足动手的欲望，并通过绘画活动产生一种动觉刺激和快感。陈鹤琴认为，儿童画画是要有一定的动机来支配的，基本分两种动机：一是外在的暗示引起的动机；二是由儿童自己内在产生的动机。他指出：小孩子喜欢画图，并不是内心有一种天赋的冲动，而是他受了外界事物的刺激，在他脑子里留下一个深刻的印象，于是他借图画表达出来。由于儿童的词汇量很少，不能用语言来表达他的所见所闻，于是就用图画来表达他的思想和感情，这是小孩子喜欢画图的主要原因。

陈鹤琴认为，儿童绘画发展过程基本上呈现外国研究者所指出的四个阶段。一是涂鸦期（1～2岁）：波形图，从左下方向右上方重复画弧线；乱丝图，画着不同方向的曲线和直线；圆形图，顺时针方向画圆圈。二是象征期（2～3岁）：普遍性的象征阶段，圆圈可代表物，又可代表人；类别性的象征阶段，以一种图形代表一类事物；个别性的象征阶段，能表现事物的"我"。三是定型期（3～7岁）：特点是从简单到复杂，从正面到侧面，从呆板到有生气，并有时间、空间观念，懂得构图，也懂得用画来分辨性别与年龄，还能用语言来解释自己的画。四是写实期（7岁以后）：能以绘画技术反映客观现实。陈鹤琴同时认为，在每个阶段之中，还可以更具体地划分为不同的发展环节。

陈鹤琴在他1925年出版的《儿童心理之研究》一书中，记录了运用日记观察方法对长子陈一鸣从出生到少年时的连续观察和研究的情况，总结了儿童绘画的心理发展规律：第一，儿童画是一种帮助我们了解儿童心理发展的良好资料。第二，儿童的美术能力的发展体现出由量变到质变的过程。第三，儿童先会画线，然后会画圆，最后才会画点。第四，儿童绘画技能的增进落后于他的感知认识。第五，儿童图画反映了在他印象中最深刻的客观现实。第六，儿童绘画技能与他的生活经验和教育实践是分不开的②。

---

① 马林．陈鹤琴关于儿童美术教育的理论．中国美术教育，1997（5）．

② 刘宣．幼儿美术教育．北京：中央广播电视大学出版社，2008．

二、以屠美如为代表的20世纪后期的儿童美术教育思想

屠美如是我国20世纪后期儿童美术教育研究的代表人物之一，著有《幼儿艺术综合教育研究》《儿童美术欣赏教育研究》《向瑞吉欧学什么：〈儿童的一百种语言〉解读》等，1988年，《中国美术教育》杂志第5期发表了屠美如等人的论文《儿童绘画发展阶段初探》，被视为我国有关儿童画发展阶段研究的新起点。为探明中国独特文化背景下的儿童绘画能力，屠美如等研究者参照国内外有关儿童绘画发展阶段的论述，进行了本土化调查研究，对江苏、安徽两省的884名1.5～15岁的少年儿童绘画发展进行了调查研究，根据年龄分为14个组，对他们所画的2 256幅图画，从形式、色彩、构成、创造性等方面进行评定，并用百分比的方式进行了统计。研究发现，儿童绘画发展是一个连续的过程，发展阶段不可能严格地划分出明确的界限，但在迅速变化的时期，儿童出现较为明显的差异特征，因而可以相对地划分出一定阶段，每一阶段都以不同的速度从前一阶段中预示和产生出来，又并入下一个阶段对它起作用。屠美如将儿童绘画能力发展划分为四个阶段：一是涂鸦期（1.5～4岁）。这个时期属于无目的的乱笔画，反映在画面上是杂乱的线条，缺少视觉控制和肌肉运动。涂鸦后期，儿童画出的形象具有简单的目的，常常是无规则的形状，不注意色彩变化，使用单色笔，偶尔换另一种颜色笔涂画。二是象征期（4～5岁）。在这一阶段，凭主观直觉印象描绘出物体的粗略形象，所象征的物体的外形轮廓，多半是不完全的、遗漏的，表现的是瞬间的、不明确的感情和意图。三是概念画期（5～8岁），又称为知觉写实期，以自我为中心观察现实生活，用画来传达各种概念，多半用线条勾出平面的二次元轮廓，形象较完整，并注意用相应的色彩表达。四是写实期（8～15岁）。进入自然描绘阶段，能根据实物特点作画，并出现“三次元期”的立体性体验①。

1990年，首都师范大学教授常锐伦提出了不同意见。他指出屠美如等人提出的“概念画阶段”论说虽然与“儿童画他们所知的事物”一说相吻合，但“儿童画他们所知”的理论早已被阿恩海姆等人所驳倒。他收集了北京地区3～15岁的2 000余名少年儿童的绘画作品，并根据对其进行的调查统计提出了儿童绘画发展阶段说：涂鸦期（3周岁以前）、象征期（3～5岁）、意象期（初期5～7岁、后期7～9岁）、写实期（萌生写实期9～11岁、推理写实期11～13岁、仿成人写实期13～15岁）。常锐伦认为所谓“意象期”的特征是：儿童描绘的是人们所能辨识的事物，但与真实的事物却不是完全相同的，因此，他们描绘的是一种形象。

上海师范大学教授王大根在总结了国内外学者有关儿童绘画发展阶段的学说之后，从语言发展和绘画发展相互关联的角度，提出了自己的儿童绘画发展阶段说：一是涂鸦期（1.5～3岁）；二是符号期（3～9岁），又可以分为单词的符号期、句的符号期和陈述的符

---

① 屠美如．儿童绘画发展阶段初探．中国美术教育，1988（1）．

号期；三是写实期（9～15 岁），又可以分为陈述的写实期、分化的写实期、视觉的写实期；四是理性期（15～18 岁）①。

总之，1988 年以来，我国的美术教育者在各国有关儿童绘画发展阶段学说的基础上，结合国情，分析了我国少年儿童的绘画作品，提出了各自的儿童绘画发展阶段说。虽然各位学者在儿童绘画发展的分段上存在着分歧，但他们都围绕着“儿童是画他们所知道的，还是画他们所看见的”这一著名的学术争论发表了自己的观点和看法。

第二节 日本儿童美术教育的相关理论

一、以山本鼎为代表的大正时期儿童美术自由教育思想

大正时期以前，日本美术教育基本上采取一种以临摹为主的教育方式，被称为“临画教育”。大正时期，一种推崇个性和创造性的、以儿童为中心的自由教育思想正在日本传播，一些教育家开始强调培养儿童的创造性和陶冶儿童情操的重要性。1919 年，日本版画家山本鼎发起了自由画教育运动。所谓“自由画”，在明治时代通常理解为想怎么画就怎么画。选择自由画的方法，是根据当时绘画中相当不自由的现状而提倡的。当时，日本民主思想刚抬头，而欧美推崇个性和创造的“儿童中心”的教育思想冲击了日本的美术教育。山本鼎对出版已达十余年并仍在继续使用的国定教科书进行了猛烈的抨击，将其称之为“干涸的临画帖”。他主张摒弃临摹，走向自然写生，迈向创造。山本鼎的自由画教育思想虽然受到官学派的强烈反对，但是随着日本社会的进步，山本鼎的主张获得了越来越多人的认同，特别是得到了众多对社会现状不满的进步教育家的支持。舍弃临摹、迈向自然写生的风潮逐渐高涨，并最终废弃了定型化的图画教育。山本鼎于 1919 年在长野县举办的首届儿童自由画展轰动一时，其影响迅速蔓延全国。然而，山本鼎的自由画教育主张在弥补过去的不足的同时，片面绝对地强调自己的喜好，甚至认为乱涂一番的画才是新式的自由画。因此，山本鼎领导的自由画教育运动导致日本美术教育一度处于无序状态，也遭到一些批评人士和文部省的反对。这场运动虽然最终没有形成气候，但它毕竟是日本美术教育变革的一个里程碑，对日本美术教育产生了深远的影响。

二、二战后的日本儿童美术教育思想

第二次世界大战以后，日本的美术教育与劳作教育融为一体。1951 年日本颁布

① 王大根. 美术教学论. 上海：华东师范大学出版社，2000.

的《学习指导纲要》规定，图画教育，从造型艺术方面……养成了个体开朗、丰富的营生能力、态度与习惯，培养了社会成员从事文化生活的资质。战后日本美术教育的最大特征是美术教育被认为是具有重要教育功能的一个科目，其教育价值获得了很高的评价。

（一）“创造美育协会”和“造型教育中心”之争

1952年，美术评论家久保贞次郎等人发起、创办了“创造美育协会”，重新提倡山本鼎所主张的自由画教育运动精神，呼吁日本美术教育工作者应该对旧的做法加以彻底反省，以建立新的美术教育，鼓励及培育儿童的创造天赋。由“创造美育协会”推行的美术教育改革运动在全日本引起了巨大反响，赞成者与日俱增。此项运动获得了两项丰硕成果：第一，再次强调了培养儿童创造力的重要性，由弗兰兹·西泽克（Franz Cizek）开创、赫伯特·里德（Herbert Read）推进的“通过艺术的教育”的潮流在日本再次兴起；第二，促进了从心理学视角看待儿童画，超越了以往从教育或艺术的角度看待儿童画的方式。但是，由“创造美育协会”倡导的理念也遭到批评，其中以川村浩章等人创立的“造型教育中心”的批评最为激烈。该团体认为，造型教育不可单凭自我表现，教育应系统化，应大力推行造型基础教学。总的说来，日本儿童美术教育赋予儿童自我表现很高的地位，并注重选择适应儿童心智成长的教学内容和方法。儿童美术教育涉及的教学内容相当广泛，有绘画、摹写、拼贴、堆积、手工制作以及鉴赏活动等。各类教学内容之间不是孤立的，而是有机联系的整体。在美术教育中，透过艺术教育和造型基础教学这两者的结合，形成了日本儿童美术教育自身的特色。

（二）日本儿童美术教育的理念

日本教育专家认为，孩子的绘画表现，以及他们手工制作物品的造型能力反映了儿童成长的过程，并作为个性化的创造性表现，直接反映了孩子的内心世界。对于形象、感情、感觉、思维、想象的世界，教师是无法教授的，只能采取积极引导的方式。日本的儿童教育强调多样化，提倡以儿童的社会性为核心的儿童教育理念。日本的儿童美术教育则侧重对孩子的自由想象力和独特个性的培养，在孩子玩耍的同时引导其进行各类美术活动。借助于对儿童发展心理学的研究，从对儿童的知觉、记忆、想象、思维、智力和社会化的研究入手，在美术教育中主张一种内在引导和外在传授相结合的教育指导思想。他们认为孩子的成长是一个不断适应社会的过程，具体表现在外在和内在两个不同领域，外在教育的内容主要包括知识、技能、习惯等，而感性、洞察力、想象力、欲望等则是儿童个性化世界和形象思维领域的主要内容。只有用综合的方式推动和引导内在化和外在化，儿童才能得到全面、均衡和健康的发展。他们提出儿童美术活动不应仅仅局限于美术课堂教学，美术教育应该融入儿童的生活环境、游戏场所、集体教学活动等方方面面。这样可以从不同的角度促进儿童的情感、态度、能力和知识等方面的发展，帮助儿童形成积极的个性特征和良好的心理品质，为其全面均衡发展奠定良好基础。日本儿童美术教育家鸟居昭美认为，儿童绘画严格来说不仅是一种美术活动，还是孩子认识世界、表达自己的感受，和周围的大人及小朋友进行交往并获得肯定的一种成长方式。简单地说，就是孩子通过绘画，提高自己的表达、创造能力并享受与人交流的成就感，这也是每一个孩子都会经历的天然成长方式。孩子通过自由自在的绘画活动，体验并获得“靠自己的力量来行动，用自己的感觉来感受，用自己的头脑来思考”① 的启蒙。

（三）日本儿童美术教育的内容

日本儿童美术教育的教学目的是要充分发挥儿童的自由想象力和创造力，这是日本儿童美术教育的核心内容之一。日本的儿童美术教育内容相当广泛，有绘画、摹写、拼贴、堆积、手工制作、造型游戏以及鉴赏活动等，我们主要从绘画、手工制作和造型游戏三方面做具体了解。日本的儿童美术教育非常重视绘画活动，认为绘画能反映儿童的内心世界和思想情感。那些看上去毫无意义的线条可以捕捉孩子内心的情绪。具有进取心、活跃的孩子用强有力的线条图画，而病弱、不喜欢运动的孩子留下的则是浅淡的、不安定的线条。所以日本教育者认为虽然涂鸦期没有具体的形象，但是仍旧可以反映孩子的思想和情感。日本教育者重视绘画与儿童生活和儿童的情感表达之间的关系，认为儿童通过绘画表达对生活的感受，绘画是儿童心灵的折射，教育者的目的并不是让儿童简单地描摹物体的外形，而是引发儿童内在情感的自然流露。通过绘画，儿童从想象的内容和直观感受中逐渐学会表达，培养儿童的想象力和创造力。通过对各种各样的色彩和形状的组合使儿童接触到美和乐趣，培养他们丰富的情感。儿童的手工制作是运用纸、硬纸盒、胶水、毛线等生活中常见的材料来表现自己的想法。手工制作让儿童利用身边的材料，发挥想象力和创造力将其组合、制作，使其具备更大的价值。在这个过程中，儿童不仅可以通过剪剪粘粘，体会到色彩、材质、形状等的美，同时也体会到制作的乐趣。日本儿童手工制作主张分类施策：1～2 岁时，从偶然接触到的形状出发，鼓励孩子折纸和撕纸，并从基本形状（方形、圆形、三角形）开始；3 岁左右时让孩子用碎纸进行拼贴，或者用天然的材料（树叶、铅笔屑等）进行拼贴，将其和矩形长方形进行形体组合；4～5 岁时，用黏土揉捏成形体来制作；5 岁后可以采用组合材料和编织物进行制作，在形状上可以增加圆柱形等物体来拼接成新物体。在手工制作的过程中，注重以明确的目的为导向来制作生活中常见的物品，比如包、盘子、帽子等。儿童制作生活中常见的物品时，能够获得极大的认同感和成就感，同时通过在生活中使用自己的作品，感受到对作品的喜爱，也能萌生珍惜事物的情感。儿童在制作的过程中接触各种制作素材，知道不同的东西有多样的材质和形态，能培养儿童想办法制作物品的创造力。

① 阿布都克里木. 日本幼儿美术教育评介. 美术，2012（6）.

儿童有时制作一个东西需要长时间地集中精神，能够培养其耐性。造型游戏是日本文部科学省一项《学习指导纲要》中出现的活动。造型的意思就是创造三维立体形状。其不单包含了物体的颜色、形状、大小等因素，更包含高低、里外、大小、明暗等空间概念。造型游戏是需要材料辅助的活动，材料可以是泥、沙、硬纸箱等。造型游戏是以孩子为主体的游戏性活动，不以完成作品为目的。例如日本幼儿园开展的硬纸箱活动，材料是常见的大大小小的硬纸箱，电器的包装箱等大的包装箱很结实，孩子们可以把箱子撑开、压扁、钻进钻出，任意塑造纸箱的形状，并且进行装饰，把它想象成汽车、房子、浴缸、轮船等进行游戏。纸箱形状的丰富变化可以培养孩子的表现力与想象力，让孩子熟悉工具材料的使用方法，提高动手能力，也极大地提升了他们的成就感。同时，在制作的过程中，通过学习合作，拉近了孩子与其他小朋友间的距离，使孩子体验到合作的快乐①。

（四）日本儿童美术教育的步骤

日本的儿童美术教育过程是根据儿童绘画发展的不同时期展开的，强调儿童绘画要体现其游戏与生活，从而引发儿童内在情感的自然流露，同时具有引导儿童生活和精神治疗的双重功能。2～3 岁的儿童，通过在物体表面着色、将纸蒙在表面凹凸不平的物体上、用拼贴布贴画、铅笔拓印、用橡皮泥或者泥土捏成各种不同形状，等等，来开展美术教育活动，以提高他们细致入微的观察能力、探索对外界事物的认知能力，丰富儿童头脑中的形象积累；4～5 岁的儿童，则将寓言知识运用到感兴趣的各种游戏活动中，如通过阅读小故事、漫画等方式作画，依据孩子的生活体验来描绘令他们感动的事物，培养孩子通过多种角度观察对象，并根据自己的具体感受来描绘对象的能力；5～6 岁的儿童，则发展为采用不同形状或不同材质的纸进行游戏活动，不断拓展游戏范围，培养儿童的再造想象、创造想象的能力，加深儿童对形状和材料的认识，并开始尝试按照自己的构思进行美术活动，自主选择表现的题材和主题，描绘自己所欣赏和喜爱的事物②。

总之，日本的儿童美术教育体系摒弃了只注重知识灌输和技能训练的弊端，强调家庭教育、学校教育与社会教育的有机结合，以开发儿童多方位、多层次的能力为根本，以培养未来创造型人才为目的，充分发挥儿童在美术活动中的主体作用，引导儿童大胆表现、自由想象，促使儿童从不同方向、不同角度进行思考，不断激发儿童的想象力和创造力。正如日本一位研究儿童美术活动的专家板光彦所说："幼儿美术活动的目的不在于教会幼儿画成一张画或制成一件工艺品，不是为了培养未来的画家，而是把它当作开发智力、培养创造才能和高尚情操的一种手段。"

---

① 蔡文宇. 日本幼儿美术教育内容对我国的启示. 艺术教育，2014（9）.

② 阿布都克里木. 日本幼儿美术教育评介. 美术，2012（6）.

第三节　西方儿童美术教育相关理论

一、阿恩海姆的视知觉和视觉思维的理论

阿恩海姆生于1904年，德裔美籍作家、美术和电影理论家、知觉心理学家，1928年获得柏林大学博士学位。因不满希特勒的法西斯统治移居美国，先后在莎拉劳伦斯学院、哈佛大学卡本特视觉艺术、密歇根大学执教，曾于1956年至1960年间任美国美学协会主席。他一生从事教育和艺术心理学的研究，是格式塔心理学派的追随者。他从格式塔心理学的立场出发，解释了儿童美术发展中的现象以及产生这些现象的原理，其中不少的观点为儿童美术教育工作者所追随。

阿恩海姆的代表作《艺术与视知觉》探讨了艺术形式与视知觉之间的关系，通过揭示视觉的简化倾向和组织本能来说明完形的性质。他的另一本代表作《视觉思维——审美直觉心理学》则通过揭示视知觉的理性本质，来弥合感性与理性、感知与思维、艺术与科学之间的裂缝。他提出画并不是它所要表达的事物的复制品，而是原事物的等同物。画中图形的选择和安排主要取决于原事物的“结构”，这些图形所表达的是原事物形式的基本方面。

阿恩海姆以格式塔心理学为依据，认为感知力是从整体到局部，即通过一个知觉分化的过程发展而来的。儿童笔下的简化图形并非是儿童缺乏绘画技能，而是其感知能力尚未充分分化的反映。因为格式塔理论认为，人类的认识是由整体到局部逐渐分化的。儿童美术正好体现出这一特征。儿童绘画是从最简单的因素向复杂的形象发展的。所以，儿童总是从绘画的最简单的因素——线条开始其美术活动，而后进入最简单的形状——圆形。随着区别律的强化，儿童开始将最简单的圆形加以分化。在更进一步的发展中，儿童在作品中以水平和垂直关系来表现物体。所有物体都在水平与垂直的关系中被表现出来。最终，由于儿童在自己的作品中增加了倾斜的关系，而使得作品的形象变得越来越复杂。儿童美术正是在这种由整体到分化、由简单到复杂的分化过程中，逐渐走向成人美术①。

阿恩海姆指出，儿童和原始部族的人画出的画之所以充满了一般性的特征和未经变形的形状，恰恰是因为他们画的是自己看到的东西。儿童看到的东西肯定不是他画在纸上的东西。当儿童发育到一定年龄时，就能够很容易地区别两者之间的不同，并能注意到自己熟悉的那些事物身上的微小变化，然而他们画出的画却仍然是一些没有具体细节区分的一

---

① 尹少淳．夯实美术教育的基础：阿恩海姆美术教育思想评析．中国美术教育，1998（4）．

般性的东西。儿童画并不像一般人认为的那样是“依葫芦画瓢”，而是对原物做了大幅改造之后的形象，因而看上去极为简约。这种现象归之于儿童知觉系统中占优势的简化倾向。因此，儿童画大都是二维的，大都是由较为规则的圆形和椭圆形构成的。这种倾向似乎毫不顾及原形，只求简洁。他指出，当儿童致力于创造与所观察到的物体结构等同的形象时，他倾向于忽略所画的物体之间的关系，这种忽略就是在儿童画中常见的、因解决局部问题而导致的忽略画面整体关系的表现方式。

一些美学方面的权威性人士给予阿恩海姆的理论以极高的评价，认为他的理论对美学做出了独特的贡献。但阿恩海姆似乎并不十分关心教育和教学是否会促进或者阻碍儿童美术技能的发展这一问题。从阿恩海姆的理论中，人们无法得知儿童美术的特征能够被改变到何种程度，也无法得知儿童美术中所产生的个体差异究竟是何原因①。

二、里德的艺术与教育完全交融的理论

赫伯特·里德是英国著名的艺术教育家和艺术理论家，也是颇具盛名的诗人与画家。他是著名团体“20 世纪布龙士勃里学会”会员，曾任英国艺术教育协会会长、现代艺术研究所主任。里德认为，艺术是“不可取消的个人主义的东西”，艺术的职能则界定为“表现情感和传达认识”。里德的艺术观吸收了约翰·罗斯金（John Ruskin）、贝内德托·克罗齐（Benedetto Croce）、列夫·尼古拉耶维奇·托尔斯泰（Lev nikolaevich Tolstoy）等人的思想，他的教育观则主要受到卢梭、福禄贝尔、蒙台梭利，特别是杜威的思想影响，此外，他还吸取弗洛伊德、荣格等人的心理学成果，博采众长，兼容并蓄，对美术教育做了较为全面深刻的思考。

1943 年，里德出版了他自认为最重要的一本书《通过艺术的教育》（*Education Through Art*），提倡通过美术教育促进儿童人格成长，从而成为西方工具主义美术教育观的核心人物。具体来说，里德的观点主要有以下几方面：

第一，关于儿童艺术教育的价值。里德认为，艺术在教育中具有极高的非其他科目可比的价值，因为只有艺术能给予儿童一种意识，从而使意象与概念、感觉与思想发生交互关系和统一，同时又能给予一种天赋的有关宇宙法则的知识和一种与自然调和的习惯或行为。他指出，人类的不幸主要溯源于个人自发的创造力受到压制，人格的自然成长受到阻挠，教育唯有运用艺术，才能摆脱这种状况，激发出每个儿童本来具有的创造潜能，达到自我实现，进而就可以实现在同一社会内部培养人的任务。因此，艺术在教育中具有重要地位，它是适应社会人个性的自我定位最有效的手段，是教育最根本、最基础的内容。里德在《重获机器人》一书中写道，艺术以两个一般性原则为基础：其一是成长中的人应该

① 刘宣．幼儿美术教育．北京：中央广播电视大学出版社，2008.

了解存在明显变异世界中的关联性与相似性，这个原则以统合为基础，并且也以艺术对于这个统合性的贡献为基础；其二是用卢梭的话来说，儿童“应该全然依赖具体事物”，这就是说，儿童应该通过感觉的培养来认识世界，应该通过感觉直接接触事物来学习，因为唯有通过这种直接接触，才能为其抽象思维打下坚实的基础。

第二，关于儿童艺术的表现类型和原型。里德运用了荣格的心理类型概念和集体无意识概念来说明儿童美术。里德认为，儿童生来具有艺术潜能，并具有不同的表现类型。他把儿童艺术的表现类型归纳为八种：有组织的、拟情的、节奏的模式、构造的形式、列举的、表现派的、装饰的和想象的。里德认为这八种艺术表现类型受到儿童特定人格类型的影响，因而又代表了儿童不同的心理倾向：列举的相当于外向思考型；有组织的相当于内向思考型；装饰的相当于外向感情型；想象的相当于内向感情型；拟情的相当于外向感觉型；表现派的（触觉的）相当于内向感觉型；节奏的模式（知觉类型的关系）相当于外向直觉型；构造的形式相当于内向直觉型。当然，这些类型都是假设的，它仅仅表示一种较占优势的态度或倾向，但它确实存在着，并对教育研究有着极重要的价值。里德指出：“我们已有充分的证据显示艺术与人格两方面确实有几种明显而可辨的类型，且相互依存，这就是考虑到艺术在教育方面最重要的因子。”他认为，教师应依照儿童天赋的气质给予鼓励与指导，首要目的应该是促进儿童的气质与其表达类型之间发生最直接相关的关系。”在他看来，对儿童进行审美教育的目的在于加强其心理素质与表现方式之间的相互关系，而不在于创造合乎规范的美的标准的艺术。同时，里德指出，儿童美术不仅受儿童特定心理类型的影响，也受由潜意识而来的一系列集体意象或原型的影响。根据里德的观点，儿童美术是人类进化过程中作为残迹遗留在人类意识中的一种原型功能。原型最常显现的是曼陀罗的主题（Mandala Theme），包括一切同心圆、有一个中心的圆形或方形，以及所有辐射状或球状的排列，如花、十字、轮状等，具有一种很清晰的四等分结构的倾向。这些符号自然反复地出现在各种文化背景迥异的儿童画中，从而为人类人性中某些共通之处提供了佐证。里德关于儿童画类型和原型的看法提醒我们关注儿童与生俱来的艺术能力，艺术教育只要给予儿童信心和恰当的表现技巧，即可自由地发挥其内在潜能①。

第三，关于儿童艺术教育与自由表现。里德认为儿童绘画和游戏一样是自发的，因而不能或不应该教。应该允许儿童自由地去绘画创作，即自由地表达自己。因为“外在标准的运用，不论是技术或形式，会立刻使儿童产生畏惧心理并顿挫教育的目的”。里德注重儿童艺术活动的过程，强调在儿童绘画过程中，让他们在自由的审美活动中健康自然地成长，教育者不应过多地干涉，教师的角色应当是“随从、向导、启发、心理助产士”，他们只能指导和启发儿童自由地进行创作。人类从儿童时起就受其内在动机的驱使，开始在

① 陶金鸿. 赫伯特·里德的艺术教育思想简述. 中国美术教育，1998（2）.

纸上或沙土上画涂鸦线，以其自身创造的视觉符号系统表现自己，来满足自身的需要。这种自由创造活动没有社会功利目的和社会实用价值。从本质上讲，它是一种美术游戏，儿童能在这种具有明显的审美特征的游戏活动中愉悦自己、满足自己、表现自己，使人格的"种子"通过美术游戏这一土壤得以生根、发芽，为其形成健全人格奠定基础。然而儿童美术教育的含义，并非只在美术游戏的价值方面。美术是人类文化和经验中十分独特的方面，它作为一门独立的学科还必须起到传递美术文化的作用。在美术教育过程中，儿童必须习得一定的美术技巧，掌握一定的美术基础知识，并且具有一定的审美能力，这种能力的培养必须通过对儿童实施科学的、系统的美术教育，而不是通过自由的美术游戏来实现。在教学中，应该允许儿童自由地表现自己，表达自己对周围事物独特的艺术感受，这固然对培养儿童独创能力很有效，但如果一味地强调自由表现，而不注重教育的实际效果，那么教学目标和教学评价将会失去统一的标准，甚至导致艺术教育的混乱①。

里德认为的教育不仅是完成个人化的历程，而且是"统整"的历程，所谓"统整"，就是个人的独特性与社会的统一性协调。我们不难理解里德的所谓艺术即教育、教育即艺术、艺术与教育完全交互融合、教育应以艺术作为基础的命题。里德对艺术与教育的关系的论述尽管有失偏颇，但确实涉及了儿童教育中的一些深层次问题，能引发人们对艺术教育深入的思考。

三、艾修勒和哈特薇克的"美术是儿童人格表现"的理论

艾修勒（R. Alschuler）和哈特薇克（L. Hattwick）研究的是儿童的画架绘画，其研究基于心理分析理论立场。她们在研究了儿童的绘画以后，认为儿童画不只是偶发的行为，还是儿童人格的表现。通过研究儿童绘画的作品，就能确定绘画内容与儿童表现与社会行为的人格之间的关系，她们通过案例分析的方法，试图确定儿童绘画中的各种表现与儿童人格特征和行为之间的一般关系。例如，儿童运用的色彩、涂色的技术、构图图形的大小及图形的空间和位置等都与儿童的人格特征有关。

艾修勒和哈特薇克指出，儿童的人格特征对儿童绘画的风格和样式会产生重要的影响，特别是当儿童使用流质的材料，如颜料时，人格特征对绘画作品的影响就更大。当幼小的儿童选择和使用蜡笔时，他所表达的需要、情绪、意义与他使用画架颜料时所表达的很不相同。当儿童用蜡笔绘画时，他倾向于用画来表达某种观念；而当儿童用颜料画画时，他倾向于用画来表达情感。一个能用蜡笔画出清晰可辨、细节丰富的人体图形的儿童，可能在同一天内跑到画架前却只能画出一个杂乱无章的色团。因此，艾修勒和哈特薇克认为，蜡笔是一种表达观念的美术媒介，而画架颜料则常是一种表达情感的

① 杨鸿砚．赫伯特·里德艺术教育思想释评．西北成人教育学报，2003（1）．

媒介。

艾修勒和哈特薇克虽然主张儿童画与儿童的情感和个性之间存在着密切的关联，但是也忠告人们将这种关联绝对化、公式化是不可取的。她们在1947年出版的《画架绘画与儿童人格》一书中指出：首先，有些2～4岁的孩子，可能不会把真实的情感明确表露为外在行为，却会将其表现在画架上的画中，此时，来自绘画表达与外在行为的儿童冲动是不一致的。其次，是低龄儿童的一些绘画作品常常无法被确定是自我的反映，还是外来刺激的描摹。最后，是一些研究将儿童画中的各个要素或情况个别分割，令其与儿童发生关联，由此所发现并做出一般结论。然而，要分析、理解一张画时，唯有将该儿童作品中显著的性质置于整体中予以考察，才能做出正确的解释。

艾修勒和哈特薇克从儿童画入手，研究了儿童画与儿童人格和行为之间的关联，反映了研究者从人格投射的角度来看待儿童美术的本质的立场，为儿童教育工作者研究儿童美术提供了新视野。然而，正如艾修勒和哈特薇克一再警告的那样，从儿童画架绘画的分析中所取得的数据不足以预测儿童的行为，而只能被看作一个重要的参考资料。因此，对儿童的人格和行为进行分析，不是单凭儿童的绘画作品，而是依据长期观察包括儿童画在内的儿童的全部生活①。

四、古迪纳夫和哈里斯的“美术是儿童智力发展水平指标”的理论

孩子从出生的那一刻起便和人接触，所以人物形象的结构与组成，给孩子的印象是最深刻的。考察孩子的智力，即认知能力的发展，就要看他们对人的观察和理解，并观察他们如何通过小手把自己看到的人物形象，人体各部位的形状、位置、结构比例等，细致地描绘出来。1885年，英国学者库克（E. Cooke）首先研究了儿童画人的特点。此后，许多学者开始探讨通过儿童绘画来了解其智能发展情况。

1926年，美国心理学家古迪纳夫（F. L. Goodenough）首次提出画人测验（Draw-A-Man Test）可作为一种智力测验，并将这一方法标准化。她认为，幼儿园的绘画，不仅可作为美术作品，而且可作为言语代表的表现。因为男人的衣服样式比较单一，所以拟定画人量表，应以画男人为测验材料。1963年，哈里斯（D. B. Harris）对画人测验进行了系统研究和全面修订，发表了“古氏-哈氏”画人测验（Goodenough-Harris Drawing Test）。修订后，受试者（儿童）可以画男人、女人或男女儿童。在测验中，并不重视儿童的绘画技巧，而是考察他们正确观察事物的能力和对概念的认知，并通过详细的评分标准，来测验儿童的“认知成熟度”。

古迪纳夫和哈里斯将儿童美术看作帮助儿童确定智力成熟程度的一项指标。他们认

① 刘宣．幼儿美术教育．北京：中央广播电视大学出版社，2008.

为，一般而言，儿童画能够反映儿童的智力发展水平。儿童画中所显示的细节，特别是在画人物各部分时所显示的细节，可用来判断儿童的智力发展水平。儿童智力水平越高，所画的图画特别是人物画就越详尽，各部分之间的关系也越协调。但是由于儿童的个性差异和绘画风格，其绘画作品不一定就可以作为确定儿童智力成熟的指标，因此，测验所得出的结论只是相对的。而且，儿童绘画又较多地掺杂了教育的影响成分，练习过画人物的儿童比没有受到过这种学习训练的儿童更容易获得较高的分数。因此，一些学者也曾对以画人测验来鉴定儿童智力发展水平的研究方法提出过质疑。尽管如此，画人测验的合理性研究也仍然表明，古迪纳夫和哈里斯的观点为人们认识儿童美术提供了一个视角，即儿童美术行为主要和认知领域活动相关，许多似乎与美术无关的能力也影响着儿童的美术行为①。

五、加德纳的多元智能理论

霍华德·加德纳（Howard Gardner）是美国哈佛大学教育研究院的心理发展学家，被誉为“多元智能理论”之父。1967 年，美国在哈佛大学教育研究生院创立“零点项目”，由美国著名哲学家纳尔逊·古德曼（Nelson Goodman）主持，主要任务是研究在学校中加强艺术教育、开发人脑的形象思维的问题。加德纳教授在参与此项研究中重新考察和研究了大量诸如神童、脑损伤病人、有特殊技能而心智不全者、正常儿童、正常成人、不同领域的专家以及分属各种不同文化的个体，并依据研究和分析的结果，提出了“多元智能理论”。在 1983 年出版的《智能的结构》（*Frames of Mind*）一书中，首次提出并着重论述了“多元智能理论”的基本架构，为“多元智能理论”的发展奠定了基础。

（一）多元智能的定义

传统智力理论存在两大派别。一是心理计量学派，他们认为，通过对各种因素的分析找出决定个体在智力活动中表现有所差异的因素；二是信息加工学派，他们用信息加工构成成分或单元来了解和刻画个体的智力。这两派虽然对智力研究的角度不同，但他们都认为，智力是以语言能力和数理逻辑能力为核心的、以整合的方式存在的一种能力，这种能力是可以通过智力测验测出来的。加德纳反驳了传统智力理论的观念，他认为，智力测验的频繁使用，把人进行了分类并贴上了标签，且这一理论只能用来判断人的弱项和短处而非长处。智力并不是一个容易“测量”的东西，目前能够测量的仅仅是语言和数理逻辑能力，如果一定要去测量智力，那么应当测量智力所要解决的问题的难易程度或在运用该智力时表现出来的创造力。然而，智力总是以组合的方式来表现的，

① 刘宣．幼儿美术教育．北京：中央广播电视大学出版社，2008.

每个人都是具有多种能力组合的个体，而不是只拥有单一的、用纸笔测验就可以测出智力水平的个体。由此加德纳提出了“智能多元论”。在《智能的结构》一书中，加德纳把智能定义为“在某种社会和文化环境的价值标准下，个体用来解决难题或生产和创造某种产品时所需要的能力”。他认为，一方面，智能不是一种能力，而是一组能力；另一方面，智能不是以整合的方式而是以相互独立的方式存在的。在此基础上，他阐述了智能的种类及其基本性质。

（二）加德纳的多元智能种类

加德纳在《智能的结构》中提出，人类的智能至少可以分为七个范畴：一是语言智能（verbal/linguistic intelligence），主要指有效地运用口头和书面语言的能力；二是数理逻辑智能（logical/mathematical intelligence），主要指有效运用数字和推理的能力；三是空间智能（visual/spatial intelligence），主要指对线条、形状、结构、色彩和空间关系的敏感度和通过平面图形和立体造型将这些元素表现出来的能力；四是身体运动智能（bodily/kinesthetic intelligence），主要指运用整个身体来表达想法和感觉并运用双手熟练地生产或改造事物的能力；五是音乐智能（musical/rhythmic intelligence），主要指敏感地感知音调、旋律、节奏和音色等能力；六是人际智能（inter-personal/social intelligence），主要指有效地理解他人及其关系、与人交往能力；七是内省智能（intra-personal/introspective intelligence），主要是指认识自己的能力，正确把握自己的长短处以及情绪、意向、动机、欲望的能力。加德纳还补充了自然探索智能（naturalist intelligence）、存在智能（existentialist intelligence）。加德纳认为情感在人的智能方面起着主要作用：艺术的三大特征是形象性、情感性和审美性，而语言智能、音乐智能、空间智能与这些特征相对应，从而与艺术活动有直接的联系。多元智能理论虽然认为每一种智能都是独立存在的，但同时也认为人类个体在解决问题和制造产品时，往往通过同时运用组合在一起的多种智能来完成，因此在各自独立的智能之间，也有着各种各样的联系①。

（三）多元智能与幼儿美术教育的关系

多元智能理论中提到的人的各种能力与幼儿美术教育息息相关。起初人们普遍认为儿童的各种能力都比较弱，但随着人类对于自身的研究的发展，人们发现儿童的能力与潜力也是巨大的。而美术活动作为儿童认知世界的重要途径，与儿童其他方面能力的发展同等重要。儿童的绘画过程也有利于对其各种智能的培养，如儿童在绘画景色时，必须认识和观察要画的事物，这种对自己和环境的自觉，是智力成长的重要部分（指向自然探索智能）；当他们表达对所画人物的喜爱、憎恨及对所画动物的挚爱和畏惧时，他就体验其与环境的关系并学会如何去适应它，由此达到情感成长最重要的一个阶段（指向人际及内省

① 加德纳．智能的结构．北京：中国人民大学出版社，2008.

智能）；生理方面同样如此，他们感到使双手与视觉协调的冲动（指向身体运动智能）；他们透过有美感的事物，可以把思想、情感、感官认知和谐统一起来，尤其是独创对自己和对环境的概念（指向语言、数理逻辑以及自省智能）。加德纳认为人的各种能力都不会以一种单一的形式存在，而是多种智能一起包含在各种符号系统中。也就是说，人们在做任何事情的时候，综合地运用各种能力，而不是仅靠某一种独特的能力去完成一件事情。而艺术教育带给我们的恰恰是一种完整的教育，无论是从其艺术审美功能、艺术认知功能、艺术传承与艺术创造功能来说，艺术教育都能使人成为一个人格健全的人。幼儿美术教育属于艺术教育中的重点，特别是在儿童时期，人的各种智能都处于一种初始阶段，具有很强的可塑性，我们可以通过幼儿美术教育，结合儿童自身发展的规律和心理特点促进儿童的生理与心理的发展，从而促使儿童的智力发展更加适应社会的发展，并能够为社会的进步做出创造性的贡献。

多元智能理论自 20 世纪 90 年代被介绍到中国以来，就受到教育界的普遍关注。特别是《中共中央国务院关于深化教育改革，全面推进素质教育的决定》发布之后，不少专家学者对人的大脑和神经生理机能进行了丰富和卓有成效的研究，形成了一系列的脑科学理论和假说，使多元智能理论在教育和其他学科领域的影响越来越广泛。研究与实验表明，多元智能理论为我国当前大力提倡的素质教育、课程改革提供了有益的启示；同时也为美术新课程的实施奠定了坚实的理论基础，成为美术教育的价值追求，并对美术教学实践起到了有效的引领作用。

本章小结

本章对国内外儿童美术教育相关理论的基本思想进行了介绍和阐述。幼儿教师通过学习国内外学者关于儿童不同时期美术能力及特征的研究成果，可深入地了解儿童视知觉及其思维的发展，了解艺术教育与整体教育的关系以及艺术与智力发展、艺术与儿童人格表现的关系等。在对国内外各类儿童美术教育理论兼容并蓄的同时，结合教学实践，把理论应用到教学中去，提升教学理念和教学水平。

思考练习题

1. 简述陈鹤琴关于儿童绘画的“刺激–反应”说。
2. 简述日本画家山本鼎发起的自由画教育运动的主要观点。
3. 简述里德关于儿童艺术表现类型的分类。
4. 简述加德纳多元智能理论关于人类智能种类的划分。

推荐阅读书目

1. 屠美如. 屠美如文集. 南京：江苏教育出版社，2008.

2. 阿恩海姆. 艺术与视知觉. 长沙：湖南美术出版社，2008.

3. 里德. 通过艺术的教育. 长沙：湖南美术出版社，1993.

第三章

幼儿美术能力的发展

本章摘要

本章主要阐述幼儿美术能力发展的阶段性特征，分析幼儿在美术创作活动过程中的心理机制，解析幼儿美术创作中教、学、用三者之间的关系，并提供相关理论知识。

第一节　幼儿美术能力发展的阶段

幼儿美术能力的发展一般可以从绘画能力、手工能力与美术欣赏能力三个方面进行考察。

一、幼儿绘画能力的发展

对幼儿而言，美术能力的发展在很大程度上体现在绘画能力发展方面。绘画是幼儿喜爱的、表达思想与情感并与人进行沟通的手段。只要身心发展正常的幼儿，从他能用笔进行随意涂画的阶段起，就可以自主地运用“绘画语言”表达自我。幼儿“绘画语言”的发展是与幼儿身心发展平衡的。

（一）幼儿绘画能力发展阶段

根据世界各国的心理学家、幼儿美术教育家对幼儿的心理成长与绘画的发展做的许多深入的研究和调查，我们一般将幼儿绘画能力的发展过程分为三个阶段：涂鸦期、象征期、概念画期。

1. 涂鸦期幼儿绘画能力发展

大约在一岁，幼儿由于开始学步，在用手探索各种周围的事物时更为自由，也能接触到一些绘画工具，比如蜡笔、粉笔，甚至瓦片、砖头或树枝，等等。幼儿在能留下痕迹的地方，又涂又画，当他们看到自己画出来的线条、痕迹时，会感到十分兴奋与满足。在一段时间内，幼儿会经常胡乱涂画，成人在这个时候要注意正确地引导，而不是粗暴地制止，要让幼儿有意识地学会在合适的地方涂画，这是非常重要的。

幼儿最初的“涂鸦”没有明确的表现意图，不讲究色彩与构图，这只是在他们的感知觉、动作之间有了一定协调性之后做出的新的探索，是一种新的动作练习，基本上属于一种手臂的运动。其根本的特点是把“涂鸦”当作一种游戏活动，并享受由“涂鸦”动作带来的快感和新结果——线条的出现。但是当这种新的动作得到强化时，幼儿就会继续探索和练习下去，画面上杂乱的线条会随着幼儿的感知能力的发展、动作的协调程度的提高，以及练习的深入，逐渐画出有条理的线条。对于幼儿早期“涂鸦”能力的发展，国内外众多学者的研究结论不尽相同，但一般都将幼儿开始“涂鸦”到脱离“涂鸦”这一过程划分为四个阶段：

（1）未分化的“涂鸦”。

幼儿开始画画时，似乎完全沉迷于自己的动作，满足动觉是最基本的动机因素。这时，幼儿由于动作协调不够，画在纸上的是一些随机的点和杂乱的、不规则的线条，包括横线、竖线、斜线和弧线等，这些线条长短不一、极不流畅，且互相掺杂在一起，常常被涂到纸外。在涂鸦过程中，幼儿只是将笔握在手中，靠手臂的来回摆动决定线条的走向和长短，无须眼的控制，手腕也无须做太大的动作。

（2）有控制涂鸦。

通过一段时间的练习，幼儿的动作已较能控制，手眼之间的协调也会逐渐地加强。他们能在纸上画出重复的、上下左右走向的直线、倾斜线、锯齿线、螺旋线等，这些线仍然是长短不一。但这时幼儿能将涂鸦线控制在画纸内，能注意到涂鸦线与纸面的区别，涂鸦线的周边开始出现轮廓。

（3）圆形涂鸦。

随着肩、肘、手腕等关节的发展，幼儿开始能注视涂鸦时笔运行的方向，可以在纸上重复地画圆。他们开始用这些大小不一、封口或不封口的“圆形”来表示各种事物。虽然，这时幼儿的手的动作还谈不上与大脑高度协调，但可以说明幼儿的绘画已具有了某种目的性。这些圆形线条虽简单，却是幼儿首次画圆。

（4）命名涂鸦。

幼儿在不断涂鸦的过程中，逐渐将图形与线条联系起来，当他们偶然认出某些形状，并发现其与自己经验中的某些事物相似时，就会给线条或图形起名字。说明这个时候的幼儿已有了明显的表达意图。在涂鸦的过程中，他们边画边自言自语，表达他们所画的东西。而成人在观看幼儿作品时，如果离开幼儿的解释，一般无法辨认其代表什么。在这个阶段，幼儿命名的线或形与成熟的绘画造型有着本质区别：命名的线或形是在无意识地进行涂鸦后，发现其与某一物体相联系后而命名，另外，幼儿的绘画作品开始呈现凌乱的特点，他们对画中的形象不做空间安排，画面无上下、前后等空间方位的区分，原来有一定秩序的事物，看起来都是杂乱无序的。

总之，涂鸦期是幼儿绘画的准备阶段，涂鸦是一种积极的学习活动。它的一个突出特点是幼儿没有明确的绘画构思和目的，以游戏形式随意进行画线活动，也是幼儿有意模仿的结果。另外，在涂鸦过程中，幼儿的涂鸦是随着动作与手眼协调程度的发展、认识能力的发展而发展的：由最初不受控制的动作，到手眼协调的重复画线动作，再到有控制的画圆动作，最后到手眼协调的状态下画圆；由最初不知笔、纸的用途，认识到用笔可以在纸上、地上画出痕迹，而且往往用一支笔画，较少在中途更换。因此，成人不应将幼儿的涂画看成一种破坏性的行为，要鼓励幼儿的涂鸦，注意引导，提供必要的涂鸦条件，开展涂鸦游戏，维持或激发涂鸦兴趣，用合适的方法协助幼儿进行涂鸦活动。如在命名涂鸦期，可以多问问幼儿“这是什么”“那是什么”，对幼儿的话要耐心听，必要时应该做一些记录，了解幼儿的感受与想法，有助于对幼儿思维活动的引导。

2. 象征期幼儿绘画能力发展

象征期是一个过渡时期，在三岁左右，幼儿的绘画逐渐地能表达出他们想要表现的事物，并用极其简单的图形和线条表现事物的特征。虽然儿童画与真实的客观事物形象相去甚远，但是，这时的幼儿创造了象征符号，并以此来表现事物的特征，有了明显的表达意图。这是象征期幼儿绘画能力的主要标志。

从造型上看，由于这时幼儿能使用的形状有限，类似的形状在每个幼儿的作品中或在同一个幼儿的不同作品中可能代表着极不相同的事物。所画的图像仅仅是简单的几何图形与线条的组合，只具备了物体形象的基本元素，多半是粗略的不完整的，整体性不强，结构不合理，人们往往无法正确辨认。随着幼儿认知水平的提高，图形能够代表的事物范围会逐渐缩小。例如，圆形在象征早期可以代表各种圆形的东西，除了圆的形状特征以外，圆所代表的事物的其他特征很少能表达出来。在象征后期，圆开始变化，出现了椭圆。圆与椭圆，不同的圆与不同的椭圆开始代表不同的东西了。如图3-1 所示，在四岁幼儿的水果写生中，椭圆代表黄瓜或笋，圆代表西红柿。随着图形的象征已经具备了类别性，象征的范围更加狭窄了，图形也逐渐能够表现出事物的多方面的特征。

这一阶段的幼儿开始尝试画人，他们往往用圆表现脑袋，用线条表现身体或四肢，好似在圆圆的脑袋上长了细细的尾巴，于是将他们画的“人”称为“蝌蚪人”（见图 3-1）。

图 3-1 水果写生：黄瓜、笋和西红柿

人是幼儿最熟悉的。但是由于受到认知发展的限制，幼儿所画的人在表现形式上与成人的认识有着巨大的差异。如幼儿画人的手指往往只有象征性（见图 3-2），因而画出的手指可以是四个，也可以是五个、六个，甚至更多。同样的圆可以表示纽扣，也可以表示肚脐眼（见图 3-3）。有人会认为幼儿的认知发展低下、技能差，也有人会认为幼儿运用了夸张的表现手法，当然，这些都不足以成为幼儿画蝌蚪人的理由。

图 3-2 很多手指的蝌蚪人

图 3-3 有肚脐眼的蝌蚪人

从色彩上看，这时幼儿的辨色能力提高很快，对颜色开始有了自己偏好。他们对红色、黄色等波长较长的温暖色比较喜爱，而对波长较短的冷色，如蓝色、紫色等不太喜爱。他们用喜爱的颜色来描绘自己喜欢的东西，而把自认为不好看的颜色涂在自己不喜欢或可有可无的画面形象上。画面上的色彩种类逐渐增多，但缺乏色彩之间的协调。涂色逐渐由无序、不均匀向方向一致、均匀地涂色发展。

从构图上看，幼儿的作品中往往不止有一两个形象，有时有三四个甚至更多的形象。一般情况下，人们将组织画面中形象的方式称为“构图”。这个时期的幼儿所画的形象较多，不太注意物体之间的大小关系，但已经开始试图表现物体之间的空间关系。在幼儿所绘的画面上，每个形象被简单地罗列，形象之间相互独立，基本上没什么联系，但能看出这些形象所要反映的主题。如图 3－4 和图 3－5 所示，虽然两幅作品表现的主题不同，但画面中的形象是相互独立的。当然，有时他们也会画上一些与主题无关的形象。

图 3－4　放风筝

图 3－5　向日葵

从构思上看，象征期恰好是幼儿初期，幼儿在美术创造中的构思是不稳定的。他们往往先动笔，后构思，常常是在涂鸦的过程中，偶尔发现自己涂画的动作痕迹与某物的外形相似，才想起要画这一物体。而且幼儿在绘画过程中容易受他人影响，原先要画飞机，看见别人画汽车，也就将飞机变成汽车或重新画汽车，绘画内容发生了转移。这说明他们造型目的性不明确。“一形多义”是这时幼儿构思的一个显著特点。

幼儿用圆形表现人的头、四肢、身体等，而且所画出形象的含义经常不确定，主要原因是幼儿构思不稳定，也由于幼儿运用的形状比较简单，可塑性较强，形状组合很容易被赋予新的意义。

这时期幼儿绘画能力较之涂鸦期已有了明显进步，他们正处于尝试探索之中，开始运用自己掌握的图形表现物象，并努力用语言去补充自己的绘画意义，思维比较活跃，可变性强。因而，成人应鼓励幼儿大胆地按自己的意愿作画，多与他们交流，听听他们说什么，同时也可以引导幼儿初步地进行观察，加深印象，这样有助于提高幼儿对形象的表现能力及其象征意义的准确性。

3. 概念画期幼儿绘画能力发展

概念画期又称图式期或形象期。这时的幼儿以自我为中心观察现实生活，用画来表达各种概念，多半用线条勾画出二元的轮廓，形象较为完整。幼儿开始用一定的图式描画周围环境，建立起了模式比较固定的概念画，经常重复地用一定的图式画人。但在这一时期，“幼儿开始真正地运用绘画的方法有目的、有意识地再现周围事物并表达自己经验”①，以他们特有的思维方式和绘画来表达强烈的主观愿望的同时，表现出了非常丰富的想象力。如图3-6所示，小作者运用简约夸张的方式，大胆构思了猪妈妈的形象——把10只猪宝宝搂在怀里，并露出温暖的笑容。

图3-6 猪妈妈和小猪

从造型上看，随着幼儿视觉感受力的提高和形象思维能力的发展，儿童画的画面形状开始复杂化，形状数量增加，他们试图将简单的形状如三角形、方形等以一定的方式进行组织，将各部分融合为整体，具有了一定的表现意义。这是概念画期幼儿绘画的基本特征。概念画阶段的另一个基本特点是强调对称、垂直，他们习惯将人画得左右对称，画像重心垂直于地面，显得有些呆板（见图3-7）。房子上的烟囱垂直于房顶（见图3-8），将山坡上的树画得与山坡垂直，而不是垂直于地面。这个时期幼儿的写生能力有所发展，这得益于他们观察能力的提升。但他们在表现三维空间方面还是有一定的困难，所表现的物象往往以二维的方式体现（见图3-9）。

图3-7 我爱吃水果

图3-8 房子

① 许卓娅，孔起英．艺术．南京：南京师范大学出版社，2002：1997.

图 3－9　盆花

从色彩上看，这一时期的幼儿对色彩的感受力，包括对色彩的明度、饱和度的感受力开始提高，对更多的色彩有了情感反应。同时，他们按物体实际形象选色的能力也发展起来，在涂色方面，由于肌肉得到进一步发展，用笔更加熟练、准确，能够随意地涂色，甚至能调出混合色。

图 3－10　我看到的十字路口

从构图上看，随着画面中形象数量的增加，形象间排列的方式也发生了变化。幼儿开始注意到所画各种事物形象的大小比例，但掌握程度较差，经常会将人与动物画得一样大，难以处理近大远小的空间关系，开始在形象与形象间建立一定的关系，表现相应的主题。5～7 岁的幼儿有时会在画面中描绘一条长线或多条短线表示地面，以先画出“地面”的方式来组织画面结构，有时，画面当中的人往往处在一条线上，而马路的两条边线成了幼儿描绘树木、房屋、路灯等事物的基底线，加上这个时期幼儿画出现对水平垂直概念的表达，导致树木、路灯、房屋等朝向不同方向（见图 3－10）。随着年龄增长、视觉经验的积累以及美术表现能力的提高，画面中的基底线逐渐由一条变成多条，直至没有（见图 3－11、图 3－12）。在概念画期，幼儿绘画表现的层次感也随之增强。另外，由于幼儿在表现三维空间时存在困难，认知水平发展有限，画面中还难以出现透视的表现手法。

图 3－11　我们在海边玩

图 3－12　植树

幼儿在这一时期的绘画作品中有了特有的构图能力：展开式构图、多视点构图和透明画。展开式构图是把从不同角度观察到的事物画在一个画面上（见图 3－13），多视点构图的画面体现出两个或两个以上的视点（见图 3－14）；透明画是由于幼儿没有掌握物象重叠的概念，是在“画其所知而非画其所见”（阿恩海姆），如图 3－15 所示，小作者把盖着被子睡觉的妈妈的身体也画出来了。

图 3－13　吃饭

图 3－14　我们在表演节目

图 3－15　妈妈盖着被子在睡觉

从构思上看，幼儿开始逐渐尝试表现作品的细节或情节，有了明确的构思，会先想好再画，一般不易改变他们最初的表现意图，在画的过程中也会同时进行思考。作品表现经历了由无活动或独自活动，到共同活动与相互活动的过程。画面形象的关系也逐渐能体现出相应的情节，但很多时候也需要幼儿用语言解释，才能合理地了解他们的构思，这在概念画初期与晚期的差异比较明显。如图 3－16 所示，小作者描绘的是一个有时能做好吃的饭菜，但有时又很会生气的妈妈的形象。

图 3－16　我妈妈

概念画期的幼儿开始大胆地尝试绘画，成人要理解幼儿的表现方式，多引导他们进行观察，鼓励他们根据自己的想象进行大胆创作，不可一味地要求幼儿临摹成人的作品。对幼儿在表现过程中出现的困难，要及时进行合理的指导。对作品的情节的分析，要尽量客观，多听、多归纳、多记录，有助于了解幼儿在绘画表现上的差异。

（二）幼儿绘画表现与特征

1. 曼陀罗与“太阳”

（1）曼陀罗（mandalas）。

在梵语中，曼陀罗是“魔环”的意思，它有时用来指所有包括圆形符号的主题的再现，有时也指掺杂着直线的圆圈样式，它是一种符号的集合体。温思罗普·凯洛格认为，曼陀罗是由抽象到达某种面的重要的一环，而且是幼儿美术与成人美术之间不可缺少的一环。

幼儿所表现的曼陀罗以圆形、方形、正或斜十字形居多，其次是椭圆形、矩形与正斜两种或两种以上十字形构成的集合体较多，此外，圆与单线或多线的组合及同心圆在幼儿的绘画中也经常被发现。可以说曼陀罗是幼儿造型的基本组合材料或工具。

（2）太阳。

一般认为，“太阳”是由曼陀罗发展而来，这是幼儿画的发展顺序，2 岁左右的幼儿可以用直线或曲线画画，这些线的组合都是儿童画——“太阳”的组成部分。

曼陀罗与“太阳”的区别在于“太阳”是“中空”的。凯洛格认为，“中空的太阳”鲜明地表达了由曼陀罗或某种图的集合体分离出来的特征，而这种分离需经历一段时间。

曼陀罗与“太阳”是很多幼儿喜爱的图形，它们经常出现在幼儿的作品中，如“太阳”构成的人的头、眼、手（见图3－17、图3－18）。

图3－17　太阳

图3－18　太阳

2. 蝌蚪人

“人”是幼儿美术作品中最常见的绘画题材之一。幼儿早期绘画当中的“人”比较简略，常常用圆表现脑袋，用线条表现身体或四肢（见图3－19、图3－20），好似在圆圆的脑袋上长出了细细的尾巴，于是研究者将他们画的“人”称为“蝌蚪人”。

图3－19　有肚脐眼的蝌蚪人

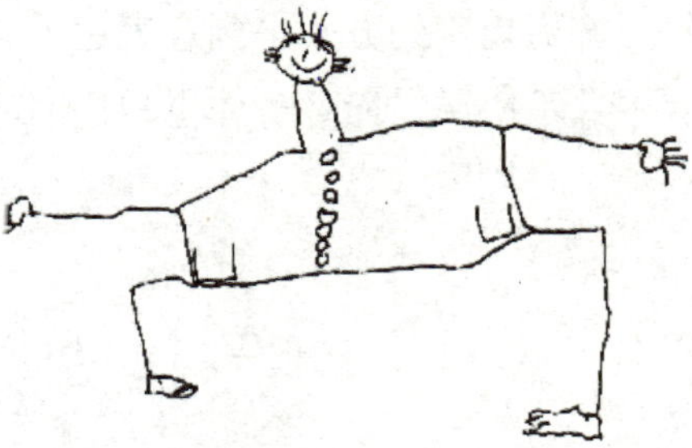

图3－20　穿衣服的蝌蚪人

幼儿所画的人物形象，是在他对现实生活中人进行观察与认识的基础上，根据自己的认知发展水平进行表现的结果，一定程度上也反映了幼儿对于均衡性（对称等）与规则性等的形式美元素的追求。幼儿会在接纳成人对他们所画的“人”各部分的命名的同时，保持一些自己对“人”的各部分的认识，并且证明了他们通过绘画表现出对某一事物的认识与成人的认识有着巨大的差异。

阿恩海姆从“知觉分化”理论出发，对儿童画蝌蚪人的理论加以解释，使其具备了一定的参考价值。根据他们的理论，认为人在年幼时，知觉还没有分化，还不能准确地表现人物的各部分的形象，绘画表现形式简单化。但随着年龄增长和知觉水平的提高，幼儿对人物的各部分形象的知觉也日益变得准确，绘画形式也随之复杂化。

在早期幼儿的知觉中，圆形可用来表现人的整个身体，圆形的象征意义也比较宽泛。在幼儿知觉中，不存在所谓人体各部分的分化，然而，随着认知水平的提高，图像的象征意义会逐渐变得狭窄与明确。另外，各种线与形就会具有特定的含义。

3. 幼儿对画面中事物关系的处理

要求幼儿在他们的绘画中表现出事物与事物之间的关系，这是比要求幼儿表现某一孤立事物要复杂得多的任务。幼儿在现实环境中把握事物关系的能力发展要早于其在绘画中把握事物关系的能力发展，两者不是同步进行的。

空间知觉的发展是幼儿处理画面事物关系能力发展的重要方面。对于空间知觉的理解，幼儿是先掌握上、下，然后掌握前、后，最后掌握左、右，在画面上幼儿也遵循这样的顺序把握空间方位，但能把握的时间却大大推迟了。5～6 岁的幼儿很多时候也不能准确地处理画面中各类事物的前后关系，这大概与他们认知能力的发展水平及表现绘画技能的掌握程度有一定关系。比如，在透明画中，画一个骑马的人，会将骑马人的双脚也画出来，人与马被简单地重叠放置；画穿衣服的人，会先画身体后画衣服，衣服是透明的。

由于在绘画创作中，幼儿将事物看作一个个孤立的个体来认识，在画面中难以合理呈现事物之间的联系，但他们能用自己认为合适的方式努力表达这些关系，这也是幼儿画“童趣”的特征之一。如画一群正在观看节目的小朋友，小作者会将小朋友的手随意地加长，以不符合客观现实的方式去刻意表达手与身体、身体与凳子之间的联系，尽管看上去画面中的双手并不协调，而且身体也是透明的（见图 3－21）。

图 3－21　看电影

随着认知水平的提高，幼儿对事物之间的结构分布或内在联系的认识也开始深化，在绘画时会尝试在一个事物与另一个事物之间建立相互的联系，比如在画骑马的人时，会将人的双脚或一只脚省略不画。在画人时不先画人的身体，而先画衣服的形状再画人的身体，对透明画的使用也会逐渐减少。这些表现说明幼儿的绘画方式已与成人的趋同，已经能较为客观地反映出事物本来面目，并运用重叠手法表现事物之间的关系，幼儿的认知水平也到了更高的层次。但是，由于受到经验、能力等限制，幼儿的绘画能力与成人还是存在较大差异。如画草，幼儿的作品中极少会出现一根草与另一根草交叉、重叠的形象，这一特点也可以常在幼儿的画中看到。幼儿画人时，人的头、腿、手臂、头发、耳朵等各部位基本都占独立空间，也很少发生遮盖与重叠。总之，要让幼儿能用重叠手法熟练表现事物关系，有待于他们认知水平的提高。

表现物象大小关系也是一种比较复杂的空间知觉能力，是由视觉、动觉等多种分析的联合活动实现的。当幼儿不能准确地区别大小，不会运用“远小近大”的关系辨别时，事物的大小处理比较随意，特别是不熟悉的事物，他们会把截然不同的物体画得差不多大小，但幼儿末期，在掌握了“近大远小”的关系后，对熟悉物体大小的表现方式就会做一定区分。

有时候，幼儿在作画时也会出现一些大小比例失调的现象，特别是将人物或动物的头画得特别大，躯干和四肢画得较小（见图3-22）。其原因可能是他们事先并不考虑人的各部分的比例，一开始先用大圆圈画一个头，在画躯干或其他部分时，由于绘画空间不够，不得已把这些部分画小。当然，也不排除幼儿更多地关注人物的头部而将头部画大并刻画头部的某些细节这些原因。但是，一定要根据具体情况分析幼儿的具体动机，切忌主观武断。

图3-22 老虎与狮子

此外，幼儿开始运用水平垂直关系作为参照，处理画中物体之间的关系。皮亚杰认为，幼儿能够自发地运用水平-垂直参照系统的能力水平还不稳定，多以局部的垂直关系替代整个画面的水平-垂直关系，这也为幼儿的绘画作品增添了很多童趣。随着幼儿认知能力发展，幼儿作画的参照系统会被倾斜关系所替代，画面就随之丰富了（见图3－23）。

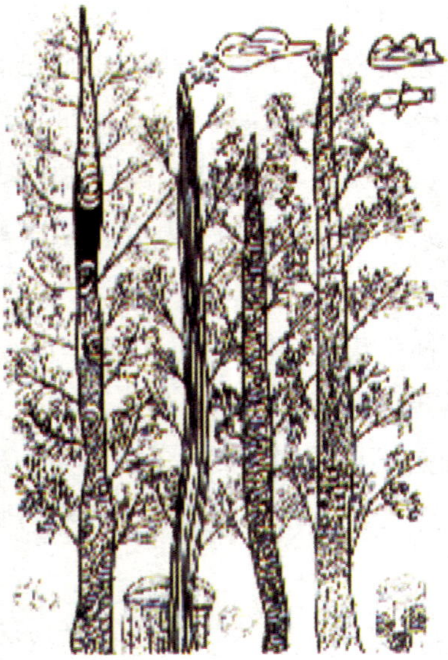

图3－23　大树（倾斜关系）

要运用透视规律来显示三维空间关系的构图，只有10岁左右的儿童才能表现，幼儿一般不会用透视方法构图，由于受制于认知能力发展水平，幼儿更多以二维空间构图，并以多视点构图方式勾画他们所见到的三维空间，这是幼儿在具备三维画法能力前的有效积极尝试。运用透视法有一定的困难，因此需要成人的指导幼儿才能学会。

总之，虽然幼儿对画面中事物关系的处理能力还处在较低的发展水平，但是，他们已经在自发地尝试运用属于自己特有的方式、方法，试图在绘画过程中建立事物间的联系，成人要理解和尊重他们的尝试与表现欲望，不可急于求成，要充分考虑幼儿的主体地位。任何一种新的表现技法，只有在他们能达到且他们感到需要时，才可能发挥其作用。

4. 动态表现

动态的表现对于幼儿来讲是一项比较困难的任务。由于幼儿认知发展水平有限，幼儿对于判别各种动态之间细小的区分存在着困难，而且，在现实生活中认识各种动态与在绘画中的表现各种动态的发展过程也不同步的。

幼儿在绘画时，准确表达人物动态是一个缓慢发展的过程。幼儿早期，常以直立方式表现行走或跑步的人。一般在5～6岁时，幼儿会用一些夸张的方式表现人行走或跑步的动作。但是，这种表现手法比较简单，只是人物下肢分得开一些，分得越开，就表示人行走或跑步越快。

在幼儿绘画中可以发现在动态表现上的一个显著特点就是，多为正面的动态，较少画侧面人的动态，但动物则以侧面的动态为多，相对于正面人而言，侧身比较难以表现，有时在幼儿的侧面表现中，会出现正面人与侧面人特征同时存在的现象。

除了人物的下肢位置变化以外，幼儿开始出现改变人的上肢位置的方式表示人的行走或跑步。有时，衣服的飘动、汗水的流淌也会在年龄稍大的幼儿的作品中表现出来，只是比较少而已。但是幼儿表现人的正、侧面的动态时，只是四肢及辅助物发生变化，人物躯干部分的主轴线一般都与地面保持垂直，这也是幼儿在动态表现上的一个突出特征。

除了行走、跑步等动态表现以外，幼儿在表现人的坐、捡东西等动作时，一定程度上也体现了幼儿表现发展过程与认知发展的水平（见图3－24、图3－25）。比如在图3－24中，幼儿在表现坐的动态时，有时会只画一个站着的人，然后在人的后面画一个凳子，有时会“省略”双脚，把人放凳子上，人与凳子不相连接。在表现捡东西的动作时，有时会增加画中人手的长度（见图3－25）。在一些拟人化的动物的画法中，幼儿会把鸟的翅膀想象成“人”的手，直接用翅膀拿起瓶子来喝水。但是，不管表现坐着的动作还是捡东西的动作，起先所画人或拟人化动物动作的轴线一般也垂直于地面。

图3－24 理发店

图3－25 靖远的小玉米

随着幼儿认知水平的提高，幼儿所画人物的轴线也会发生变化，人物的主轴线与地面呈一个倾斜角度（见图3－26），或呈V形（见图3－27），又或呈U形（见图3－28），而真实环境下的人坐着或捡东西时的动作形象是不规则的，其画法由表现的动作确定。

图 3 - 26

图 3 - 27

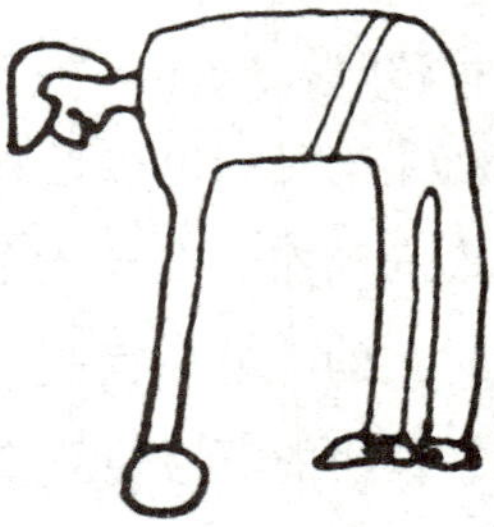

图 3 - 28

在幼儿表现人物动态的过程中，教师要注意引导他们学会观察，可以通过镜子看看自己的动作，在日常生活中观察别人的动态，辅之以活动教具、范画，让幼儿在自己探索表现的基础上学习动态表现。同时要为他们提供机会运用学习到的表现手法，才可能为幼儿的美术表现能力的发展提供帮助。

5. 想象与现实

现实生活给予幼儿的视觉印象与情绪、情感的体验，是他们创作的丰富源泉。他们的想象力的展开，就是要建立在感官对事物的感知与体验的基础上。由于幼儿想象力丰富、离奇，他们在加工改造并建立新形象时也更为大胆。绘画中往往会将自认为重要的部分刻画仔细、突出，但同时对事物整体或其他自认为不太重要的地方忽视或遗漏，导致他们的作品与实物相去甚远。如图 3 - 29 所示，小作者表现了妈妈的眼镜，还特别画了眼镜脚，画出了妈妈脸上的雀斑，但对头发的表现就比较简单了；又如图 3 - 30 所示，幼儿将肉眼看不到的“蛀牙虫”画出来了，并夸张地在牙齿上画了一个个黑洞表示蛀牙；再如图 3 - 31 所示，小作者在妈妈头上“插”了面有五角星的旗子表示妈妈的身份；图 3 - 32 中花儿都在笑；等等。

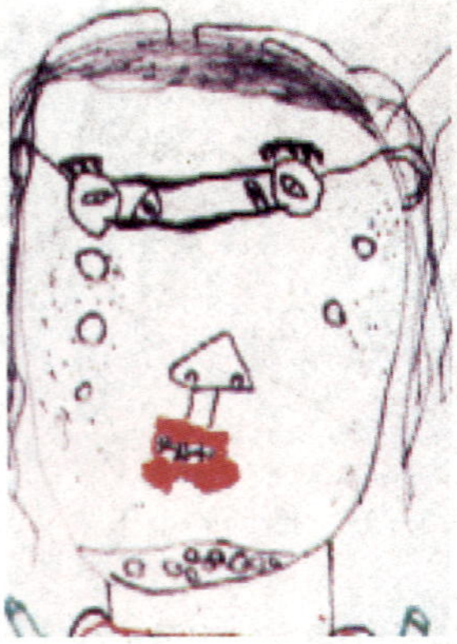

图 3 - 29　我的妈妈

图 3 - 30　牙齿坏了

图 3－31 妈妈是警察

图 3－32 盆花

在评价幼儿画的想象力时，要与成人绘画中的夸张进行根本性的区分。幼儿的想象力在绘画中往往表现为画他们所关心的、所注意的事物，或忽略了其他部分而“顾此失彼”的绘画方法，或是对事物关系缺乏深刻认知，又或是在画面中幼儿的自我意识的表现。而成人绘画中的夸张成分以现实生活为基础，并借助想象，抓住表现对象的某些特征，加以夸大和强调，以突出反映事物的本质特征，加强艺术效果。

总之，幼儿绘画中表现出的想象与现实有较大差距，既体现了他们的心理发展水平，也是幼儿阶段特有的“产品”。随着幼儿认知能力水平的提升，并逐步学会运用透视、明暗等手法绘画，画面的内容也逐渐与现实相符合，这时，幼儿的作品就有可能失去幼儿阶段的大胆想象。因此，成人没有必要进行不必要的干涉，更没有必要过早地要求幼儿严格按物象比例来绘画的技法。

总的来说，幼儿绘画发展几个阶段是任何一个幼儿都会经历的，但由于受到个体的遗传素质、后天环境以及教育背景的差异，后天的个体差异与发展速度会更加不同。了解幼儿绘画发展阶段性特征与能否有针对性地开展绘画辅导有很大的关联。

二、幼儿手工能力的发展

与绘画一样，手工也是幼儿美术创作的重要手段。研究发现，幼儿手工能力与绘画能力的发展过程大致相同。但由于手工属于三维创作，与绘画的二维创作还是有一些区别。

（一）无目的活动期幼儿手工能力的发展

由于手工能力的发展比绘画能力发展更受动作、认知能力以及材料等方面的影响，幼儿早期手工能力也较绘画能力发展得晚。

两岁左右幼儿开始有了尝试初步的手工活动的欲望。但由于手部小肌肉发育还不够成熟，认知能力发展也很有限，他们的手工活动没有明确的目的。同时他们不能理解手工工具与材料的性质，也不能使用手工工具与材料。从严格意义上讲，只是一种纯粹的玩耍活动。

美国艺术心理学家郝维茨认为幼儿早期的探索是“定向的，他仅仅是接近与拿取材料的一个动作。这时幼儿的行为明显地表现了他仍然不能想象到会有什么样的结果”①。在泥塑活动与纸工活动中，都可以看到幼儿不能有目的地制作出形象。他们最初拿到黏泥时只会无目的地用手拍、抓，或者把泥掰成一小块一小块。幼儿这时是把泥当作一种玩具，觉得这种东西和别的玩具不一样，很好玩，能够变形，至于要做什么，很少去思考。起初幼儿塑造出来的形象是非常粗糙的。玩泥带来的触觉感与形状的多变性，给幼儿带来极大的愉悦感。在剪纸活动中，他们最初也不知道剪刀的用途，只是玩弄剪刀，不能配合使用纸和剪刀，纸张常常被绞在剪刀里，很难剪出满意的形状。但到了这个阶段的后期，幼儿认知与肌肉协调能力提高，可以做出圆球。他们开始用圆球代表身边各种物体，这和绘画中幼儿用圆代表一切事物是完全一样的。

总体上看，这个阶段的幼儿应该是没有明确的表现意图，更多的是满足于操作的过程，自主活动的快感与不同质地的材料、工具给他们带来极大的快感与体验。为幼儿提供手工活动的机会，提供安全、卫生的操作材料和工具，应该成为老师的重要工作。

（二）基本形状期幼儿手工能力的发展

幼儿手工发展的基本形状期大约与绘画的象征阶段相当。在这个阶段，幼儿由无目的的行动发展到有意图的尝试，他们开始有了先想好再制作的基本能力。

到了四五岁，随着年龄和经验的渐长，幼儿知觉越来越敏感，觉察到的东西越来越多，并注意到事物的细节，他们会进行比较，对动作的结果更加注意，希望做出来的东西与真的东西一样。同时他们手部的动作也越来越精细，从手掌动作发展到手指动作，制作出来的形象也就更加丰富和复杂起来。四岁左右，他们已能制作小动物，或者是两个以上的形象组成的简单事物形象。幼儿的纸工包括折纸、贴纸和剪纸。幼儿纸工能力的发展比绘画和泥工能力的发展较晚一些。一般来说幼儿要到四岁才开始学会折纸，但他们的折纸能力的发展进度却非常快：一开始很难折出成形的东西，需

---

① 郝维茨．儿童与艺术．长沙：湖南美术出版社，2008：129.

经成人悉心的指导。他们可以用正方形或长方形的纸，折叠出一些简单的物体和玩具，但到五岁时，已经能折出比较复杂的东西，而且折得比较平整端正。幼儿的撕纸是一个由无意识玩纸到有意识地撕出一定的图形的发展过程。一开始幼儿是一点一点地把纸撕成小块，以后他们模仿大龄幼儿在纸上撕出洞，蒙在脸上嬉戏，再后便学着撕一些比较复杂的形象。剪纸也由自发的练习活动渐渐发展成有目的的学习活动。一般四五岁的幼儿剪出的图形是非常简单的，这时的幼儿不大会用剪刀剪出更为复杂的形象。

（三）样式化期幼儿手工能力的发展

五岁以后的幼儿由于手部精细肌肉的发育，手眼协调能力逐渐增强，加上已经具有一定的手工知识与技能基础，他们的表现欲增强。他们不仅喜欢各种工具材料的使用，操作的熟练程度也会有很大的提高。

在泥塑活动中，幼儿能够搓出各种弯曲、盘旋的棒状物，还能参照一定的物体进行注视细节的物象造型。如图 3－33 所示，幼儿可以借助月饼盒与自己制作的方形、三角形以及梯形的泥块建造房子，他们能用较为流畅的方法进行拼接，使得作品的整体性得以提高。他们能借助辅助工具表现物象的细节、特征。能用牙签、树枝等材料为小动物、人物制作眼睛、鼻孔甚至毛孔等。大多数幼儿开始出现独立式的圆雕作品。在纸的运用方面，幼儿在教师或者家长的辅导下，可以在剪纸、折纸、纸的干塑（见图 3－34）与湿塑等方面开展有效的活动。他们不仅能连续地剪直线，而且能剪曲线，并进一步尝试剪窗花。在教师的引导下，幼儿可以通过纸工操作的示意图进行美工创作。他们捏、揉、挖、拼接、粘贴、编织、扎、染等的技能已经比较熟练。所以从这个阶段开始，幼儿美工活动类型可以大幅地扩展。

图 3－33　泥工/房子

图 3－34　纸的干塑/在唱歌的猫

随着年龄的增长，特别是八岁以后，他们的手工表现的精细化程度将进一步提升，兴趣范围进一步扩展。

从总体上看，幼儿手工活动要经历随意玩耍和娱乐游戏阶段，模仿、体验和尝试阶段，学习、想象和创造阶段。幼儿的绘画与手工的发展有着不可分割的内在联系。所以我们在幼儿美术教育活动中，要注重绘画能力发展和手工能力发展之间的内在联系，如用石头进行造型创作（见图 3－35）、在纸的干塑作品上进行描绘（见图 3－36）等，这样有助于促进幼儿的智力与造型能力的发展。绘画属于平面造型，而手工很多的是属于立体形态的创造。由于幼儿身心发展的水平具有阶段性特征，幼儿掌握绘画并进行二维造型的能力要早发展于手工立体造型的创作能力。

图 3－35 有趣的石玩

图 3－36 纸的干塑

三、儿童美术欣赏能力的发展

（一）婴儿的感知（0～2 岁）

从出生到 2 岁左右，儿童的一般的感知能力与审美感知能力还没有分化。对他们来讲，艺术品是一般的刺激物，只能促进儿童一般感知能力的发展。

（二）符号的认识（2～7 岁）

这个阶段是儿童审美感知发展最复杂、最有特点的阶段。

儿童对美术作品内容的关注度高于对作品呈现方式（法）的关注度，对作品内容的把握往往还处于浅层次的感知，还不能深入理解美术作品所蕴含的意义①，仅仅局限于认识画面上画了什么内容。他们倾向于把线条、形状与具体形象联系起来联想。2～7 岁的儿童还没有形成美术风格与美术技法等概念的表象。如果请他们将一些美术作品进行分类，儿童往往不是根据美术作品的风格进行分类，而是根据美术作品所展现的事物的种类给美术作品分类。

儿童在这一阶段还表现出对一些美术作品的明显偏爱，他们喜欢色彩明亮的美术作品，喜欢表现与自己熟悉的事物相关的美术作品。张奇等人的研究表明，儿童也会对用夸张或者拟人风格表现事物的美术作品产生偏爱。

在审美评价方面，作品画得像不像、作品的绘画技巧、作品的形式特征（色彩、形

① 边霞．幼儿园美术教育与活动设计．北京：高等教育出版社，2009：43．

状、整体构图）、对作品的熟悉程度等是这个阶段儿童审美评价的主要出发点。

（三）“写实主义”的高峰期（7～9岁）

霍华德·加德纳在他的《幼儿的艺术品知觉》一文中描述了这个阶段儿童的审美感知的特点，他认为初入小学的孩子不久便超越对事物单纯的偏爱，而开始欣赏事物表现的艺术特征和风格。这样一种欣赏能力的飞跃，可能是一定的社会环境影响的结果。他们在这一阶段，不仅通过艺术品看它们表现什么，而且开始打破思维定式而全面丰富地去理解艺术品。

“写实主义”阶段的儿童对于一幅表现现实的美术作品进行评价时，往往会以该美术作品在多大程度上反映出他所感知的现实为标准，以“象”“逼真”“不像”“假的”等词汇进行评价。同时，他们对艺术的偏爱也是僵化的，习惯于用物体的固有色进行色彩表现，否则会被认为是错的。但是这个时期儿童审美感知的“写实主义”与富有想象力的潜质是同时存在的。社会审美文化环境在一定程度开始对儿童审美心理发展发生影响，部分儿童开始排斥艺术，有的儿童甚至将美术等视为别人的东西。这些因素在一定程度上影响了儿童审美能力的发展。

但在进入小学的开始阶段，儿童除了特有的“写实主义”的审美特征外，还有促进审美心理发展的潜质。儿童有时也会自觉地修正审美欣赏的范围和标准，当然教师、家长以及社会价值的导向对他们的影响也很大。因此，对于这个时期的儿童，学校与社会需要给予正确的引导与帮助，对美术欣赏知识、审美评价等进行指导，以帮助儿童建立积极的欣赏态度与审美标准，力图超越“写实主义”的审美评价，提高儿童的美术欣赏能力。

（四）“写实主义”高峰的衰退和审美感受性的出现（9～13岁）①

到了小学高年级，儿童的“写实主义”的特征就自然地分解了。他们在掌握了语言规则与相关的文化符号系统之后，其知识获得与运用能力得到很大提高。阅读不仅仅局限在对字词、图片等的浅层理解，对其中富有的意义和特征给予较多的关注，表面的意义关注相应减少。这是这个时期儿童的审美心理发展的典型特征。

加德纳等人的研究表明，这个时期儿童对艺术风格的敏感程度明显提高，同时说明了儿童出现了新的审美能力。如小学五、六年级的儿童能够依据线条的运用水平及其表达的内容给美术作品分类。他们开始理解美术作品的美学特征，会对美术的线条生成、色彩搭配、透视画法、明暗处理等艺术效果给予关注。他们会对学习表现这些效果的方法或课程产生兴趣，对美术训练课程表现出极大的开放性和感受性，开始出现对特定艺术家与艺术品的偏爱倾向。可以说，这个阶段是对儿童进行美术知识技能训练的最佳时期。

---

① 张奇．儿童审美心理发展与教育．北京：北京师范大学出版社，2000：203．

第二节　幼儿美术创作的心理过程

幼儿美术创作可以理解为幼儿的内在感情和感觉的表达。从感知对象到概念形成，从主题思想的提炼到形象的塑造，包括到最后美术作品的生成，构成了幼儿美术创作的整个过程。我们需要探究的是在美术创作的过程中，幼儿个体的心理发生机制是怎样的，有哪些心理元素参与其中，每一种元素都起到了怎样的作用等问题。

一、幼儿美术创作心理过程

一般而言，幼儿美术创作需要借助各种感官，在社会生活、自然环境中有意识或者无意识地摄取大量原材料，通过大脑进行加工、改造，学习和掌握认为合适的美术表现形式，将作品外化并呈现出来。从认知学习理论看来，个体记忆新信息、新技能的过程属于难以观察到的内部心理过程，认为“个体学习不是刺激与反应间的联结关系，而是个体对整体学习情境中事物关系的整体认知与了解”①。美国教育心理学家加涅在 1974 年根据现代信息加工理论提出了学习过程的基本模式，展示了学习过程中的信息处理流程，阐释了信息如何通过感受器进行记忆储存，在一定的条件下从记忆中提取存储的信息，最后通过效应器反映出来的学习的基本心理过程。它为我们探究幼儿美术创作行为的发生、发展提供了一个基本的心理学解释。美国抽象表现派的先驱汉斯·霍夫曼把美术创作过程分为三个阶段，即创作者对社会、自然界的视觉获取阶段，创作者对视觉形象的转化阶段，创作者的创作阶段。从这一划分中可以看出，美术创作不是幼儿看了、学了就会的，它是一个需要经历复杂的心理活动过程才有可能完成的行为，因此，探究幼儿美术创作的心理过程中各种因素的关系显得非常重要，其探究结果会为我们考察美术创作心理过程提供很好的启发。

如图 3－37 所示，信息输入、形成表象到记忆储存是美术创作的第一阶段，即审美信息的获取阶段，这个过程可以理解为审美表象生成之前积累的阶段，丰富的审美表象的存储有助于审美想象与创造的发生。

提取表象或者重组表象，并与可用的美术符号整合生成审美意象是美术创作的第二阶段。在美术创作中信息的提取、加工、重组并形成特定的审美意象是幼儿美术创作行动发生的一个关键的心理过程，对于这个环节，信息加工理论没能提供很细致的解释。由于美术创作属于艺术创造的范畴，单纯从技能或者学科知识考察，并不能很好地解释幼儿创作

---

① 陈帼眉，姜勇．幼儿教育心理学．北京：北京师范大学出版社，2012：37.

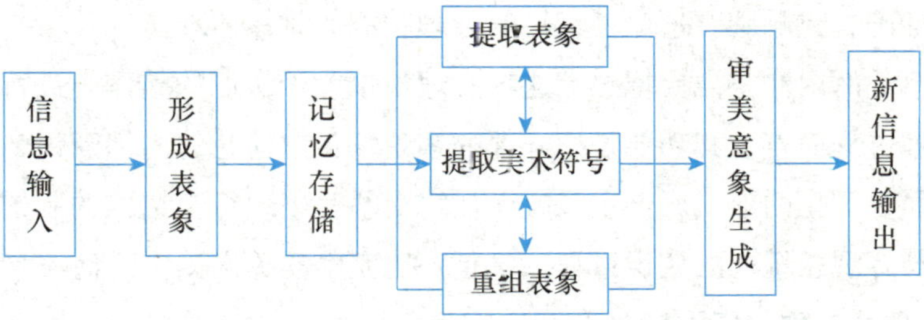

图 3－37　幼儿美术创作心理过程

心理。创造性活动的展开，必然会有记忆、想象，特别是思维等认知元素的参与，因此，在这个阶段应该考察审美意象形成过程中的思维参与的意义，即视觉形象转化中的思维。

新信息输出属于美术创作的第三个阶段。审美意象形成之后，信息通过传出神经系统传到相应的肌肉位置以完成创作动作，这就是幼儿美术创作的整个过程。

二、幼儿美术创作的三个阶段

幼儿美术创作心理过程是复杂的、分阶段的，在不同的心理过程中会有不同的心理元素发生作用。据此，我们将幼儿美术创作的过程分为美术创作信息的获取、美术创作的视觉转化、美术创作表象输出三个阶段。

（一）幼儿美术创作信息的获取

在生活中观察和体验到的美，是创作前的准备阶段，感性认识在这个阶段发挥着重要的作用。

在美术创作中，创作主体对客观现实的反映是从审美感觉开始的。从信息加工理论观点来看，就是审美信息进入感受器，形成短时记忆的阶段。审美感觉在美术创作中占有重要的位置，是美术创作思维的一个重要环节。审美感觉既是美术认识过程的初级阶段，同时又贯穿于整个创作过程，反映了作用于感觉器官的对象和现象的特性。借助于审美感觉可以感受到美术语言的各种审美趣味，感受到作品整体的形式。审美感觉是幼儿的外在认识在头脑中的反映，这种反映能使幼儿认识和了解对象的品质，如幼儿通过视觉可以获得物象的形状、色彩等信息，通过触觉可以获得物象的光滑度、坚硬度等信息，这些信息通过审美感受器进入大脑并形成记忆，完成审美创作材料的存储。幼儿会对审美创作材料进行自主编码与存储。研究表明，经过编码记忆的信息与原始记忆的信息并不完全相同，有的信息经过编码会被修饰、被规则化，有时甚至被歪曲。教师帮助学习者采用较好的编码策略，如将审美材料按色彩、形状、形态分类或者按人物、动物、植物、交通工具分类等，有利于审美信息的获得与保持。当信息接收过程、编码过程或更高级的信息过程需把加工的信息保持一段时间的时，人的记忆就起到储存的作用。当然，信息也会被提取出来，与当前创作中的信息加工过程相结合，保证信息的接受过程、编码过程及更高级的信息加工过程更准确、更顺利。这就是记忆的心理功能的具体体现。

正确把握感觉的内涵，需要把感觉这种心理现象置于认识的整体中进行深入研究。就美术创作的心理过程而言，其功能是把外部的客观事实向幼儿的内部意识转化。转化的内容属于客观方面，转化的形式属于主观方面，它受幼儿生理组织结构的制约，转化的全过程是一个主观与客观相统一的认识过程，又是一次完整的美术创作活动的实践过程。

（二）幼儿美术创作的视觉转化

审美意象是想象力对实际生活所提供的经验材料进行加工而在作者头脑中形成的形象。审美意象不同于表象，表象是感知过的事物在心理中的客观存在，意象是带有情感的表象，是表象的主观化。美术创作中的视觉转化是指幼儿在审美观察、审美感受、审美判断基础上，对已经存储的审美表象进行分解，对信息进行重组，以获得内心视像，经过更高级的信息更新阶段对重组的信息进行分析、综合、概括、集中，使各种信息更合乎审美规律，更合乎创作主体的审美要求、审美理想，最后，获得审美意象的过程。比如幼儿根据已有的关于人、机器人、汽车的审美表象的基础上，创造出汽车机器人，而汽车机器人可以由各式几何体组成，也可以是用纸盒（箱）做成的立体造型。

幼儿美术创作的视觉转化需要依托审美意象、记忆、思维等基本元素，其中，幼儿思维状态起关键作用，因为审美意象的建构需要进行多维度的思维动员，比如形象思维、联想思维、抽象思维等将帮助幼儿形成不同的审美意象。

美术作品的基本特点是用形象反映社会生活，表达作者的思想感情。形象是幼儿通过概括和加工所创造的，是幼儿通过形象思维产生的具有一定内容和感染力的生活图像。在整个创作的过程中形象思维从构图阶段就很活跃，形象思维是构图、造型的前提。从构思落实到构图，幼儿是通过形象思维用一定的形式结构将形象在构图上体现出来，根据构思中形象的特点以及它们之间的关系，在画面上加以符合视觉审美的组织。

联想思维是由某一事物想到另一事物，或是生活中由一小点联想到一大片的心理过程。幼儿在美术创作的过程中对所学、所知东西的检索并不总是在同一学习情境下发生或在所学内容的范围内出现，人们常常要在变化的情境或现实生活中利用所学的东西，这就是概括阶段所实现的学习的概括化的问题或学习的迁移问题。学习者要想把获得的知识迁移到新的情境，不仅依赖知识的概括化，同时也依赖是否有线索使知识在新情境中再现出来。这些都是联想思维发生的基本前提。

由物象或形状联想到与它们有关的其他物象或形状，是接近、类似、因果和对比的联想；由联想到抽象的概念，是关系和意义的联想。幼儿可以综合各种方案，或者利用逻辑思维能力进行深入细致的推敲，优选出一个最为理想的方案。联想越多，取材的空间就越大，所表现的内容也就越丰富、越新颖。表现的内容可以来源于幼儿的生活积累、知识积累和形象积累，也可来源于对生活的熟悉和热爱之情。幼儿感知经验越丰富，往日储存的记忆表象越鲜明，想象的空间就越大，层次就越清晰。

抽象思维活动实现了从片面到整体，从静态到动态，从模仿到构想，从概念到形象的飞跃。提炼作品表达的基本思想或说明的主要内容，表明幼儿对客观事物的评价及态度。创作过程是从形象到抽象，从抽象到形象交替转换的过程。抽象思维须从众多的形象中舍弃个别的、非本质的形象属性，而取其共同的、本质的属性，不断深化作品的内容、形式、形象，从中提炼出主题内容，将概念视觉化①。

提炼的过程，其实就是对事物的本质特点的概括过程。这取决于幼儿熟悉生活的程度，取决于幼儿的思想认识水平。在这个前提下，再加上表现的技巧，作品就会展现出幼儿视角的艺术魅力。另外，艺术作品总是要反映生活、表现生活。艺术并非是按真实的现实生活的模样一丝不改地复制。

总之，在幼儿美术创作视觉转化阶段，不同的思维方式从不同的层面促成审美意象的形成，为幼儿美术创作作品的产生提供了保证。

（三）幼儿美术创作表象输出

幼儿美术创作就是通过美术表现技巧将某物、某个情景的审美意象，以色彩、形状、形象等作为载体将其内涵进行表现。从加涅的信息加工理论来看，幼儿美术创作阶段就相当于学习信息的反应生成、操作阶段，即作业阶段。这时反应发生器把幼儿的反应组织起来，使他们在作业中表现出他们所学、所想、所思考的审美意象。

这个阶段的关键任务在于如何帮助幼儿将头脑中形成的审美意象变成可视的美术作品。审美意象在输出并形成可视的美术作品的过程中，除了幼儿主观上的表达意愿之外，还要依赖于必需的美术技能、知识以及材料等。例如，孩子觉得妈妈用的围裙可以用一张长方形的挂历纸来做，在他的大脑里形成了关于用挂历纸做的妈妈的围兜的审美意象。这时如果该幼儿并没有意愿将其形成一件作品，创作就不会发生。但如果他主观上非常想做好，又有所需要的材料，他还掌握裁剪、粘贴等技能，围裙就很有可能形成一件作品。教师在这一阶段要提供各种形式的美术作业，使幼儿有机会表现他们的操作。同时教师还需要提供必要的技能支持，创设有利于诱发幼儿美术创作激情的环境等。

幼儿美术创作的完成意味着一个美术创作的心理过程的阶段性的完结。在整个创作的过程中，幼儿个体的认知、情感、社会性等心理因素都或多或少参与其中，这是一个复杂的心理过程。从幼儿美术创作意识、能力整体发展的角度考察，美术创作的心理过程还应该存在一个反馈阶段。这种信息的反馈实质上是指每次创作过程的完结对幼儿下一次创作行动产生的心理暗示。当幼儿意识到自己已达到预定的目标，行为就会得到强化，继续参与美术创作的冲动就会大为增加。

---

① 陈宏．论美术创作的思维方式．华西师范学院学报（哲学社会科学版），2001：79-81.

第三节　幼儿美术创作中教、学、用的关系

幼儿进行美术表现需要哪些美术技能、知识，应该如何教授幼儿所需的美术技能、知识，幼儿学习美术创作的意义是什么，以及幼儿学习美术技能、知识的实践过程是怎样的等问题，体现了幼儿美术创作中教、学、用三者之间的关系。

一、幼儿美术创作中的“教”

美术创作中的“教”意指学校美术教学应该为幼儿提供美术知识、技能、习惯与策略等方面的支持。作为“教”的主体，教师应该思考为什么教、教什么、怎样教等问题。

教师应该明确自身在学校美术教学中的角色定位。在当前的美术教学的实践中，教师普遍缺乏培养幼儿自主学习与创作学习习惯的意识：忽视幼儿在美术活动中表现、创造的主动性与差异性；教师讲解、示范，幼儿听从、模仿；教师评判作品优劣，幼儿服从评判；教师维持活动秩序，幼儿服从约束。教师普遍将美术教学目标限定为传授美术课程技能、知识，介绍美术学科的概念和方法，对幼儿个性的全面发展关注较少。

在实践中，教师应更多地关注如何让幼儿的内在潜力释放出来，让他们在活动中真正“活”起来，从原有的听课模式中走出来，建构积极、有效的多向互动。在教学实践中，不仅要把幼儿看作对象、主体，还要把幼儿看作教学资源的重要生成者。教师需加大对美术教学活动的研究力度，在设计活动时有鲜明的结构意识，能设计富有灵活性的系统美术教学方案。作为学校美术教师，应致力于借助美术手段激活幼儿内在的表现与创作动机，促使幼儿从可能的创作主体转向现实的创作主体。

“巧妇难为无米之炊。”幼儿即使有着丰富的现实表象储存能力，如果缺少必要的美术知识、技能，就会难于现实表象与美术符号的联结，阻碍审美表象的生成，更无法产生可视的美术作品。教师在恰当的时机，应给予幼儿适合的技能支持，对幼儿美术创作顺利展开有积极的促进作用。

幼儿美术创作所需的美术知识与技能包括了色彩、造型、构图与构思等方面的内容，具体又与幼儿所处的年龄阶段有关。对不同能力与年龄阶段的幼儿所教授的美术知识与技能在教学方法上有区别。对 2～3 岁的幼儿，应设计以涂鸦为主的美术游戏，“玩”应该是这个阶段美术教学活动的重心。在幼儿享受“玩”带来的乐趣的同时，教师可以逐步引导他们感受各种色彩、线条、图形等的美，再逐步发现和感受现实生活和艺术作品中的美，激发幼儿的创作冲动与学习欲望。对 4～5 岁的幼儿，教师应引导他们将象征符号与生活

中具体的物象相联系，允许他们大胆地命名自己创造的象征符号，为他们提供各种必要的表现美术技能的支持等。对 6 岁左右的幼儿，教师要在教授情节画的构思与构图的基础上引导他们大胆地进行美术表现等。7 岁以后，孩子按照事物本来的特征来绘画的能力不断增强，美术表现中的刻板性随之增加。对于教师来说，如何在帮助幼儿掌握必要的美术表现技法的同时维持他们对美术的兴趣，进而促成审美能力发展，应该成为基本教学思路。

不同年龄阶段幼儿在美术学习能力的发展与美术学习的需要上有明显差异，教师的“教”如果能在幼儿需要的时候发生，激发幼儿主动学习的动机，学习效率就会大大提升。教师在教学中了解幼儿美术学习的能力、心理特征，并依据美术学科特点有的放矢地开展美术创作，在教学中很有现实意义。

二、幼儿美术创作中的“学”

对幼儿美术创作中“学”的讨论，一般围绕幼儿展开，研究幼儿为什么要进行美术学习、怎样进行美术学习、美术学习什么等问题。

开展美术创作教学活动的目的是促进幼儿的发展，幼儿在创作中应受到充分的尊重。教师在设计美术教学活动时要重视幼儿的起始能力、学习或表现风格以及年龄特征。起始能力是指幼儿已有的美术表现技能和知识水平、参与美术活动的态度以及美术表现所需的生活体验。学习或表现风格是关于个体如何完成学习任务和接收信息的一些特征。由于幼儿存在着心理与生理上的个体差异，不同的个体在获取信息的速度以及对刺激的感知与反应等方面存在许多不同。分析幼儿在美术表现中的风格是设计个别化美术教学活动时需要考虑的重要内容。年龄特征则是指幼儿在各个年龄段所表现出的认知、动作、社会性、能力、情绪与情感等方面的典型特征。在目前学校美术教学活动设计中，教师比较偏重考虑幼儿个体的审美表现，但对其他方面，特别是社会性与情感方面重视不够，容易导致对幼儿的主体性认识不全面，教育效果大打折扣。这值得我们警惕。对年龄特征的分析有助于教师在设计美术教学活动时准确定位活动目标，对学习内容的选择、评价方案的设计等方面也更具有针对性，有助于促进幼儿主体性的发展。

强调幼儿的主体性，是对幼儿积极的内心状态的关注，积极的内心状态又是引发幼儿美术学习冲动的根本动因。关注幼儿的经验和体验，创设良好的美术学习氛围，这是促使幼儿产生和维持美术表现与创作的积极状态的重要条件。因此，教师在组织美术教学活动时有必要关注师生关系、生生关系、师生与物之间的关系等细节问题，如教师在课堂中的话语是否开放、幼儿是否拥有话语权、师幼之间有没有双向互动、提供的材料是否有效等。

深入地了解幼儿的“学”，领会幼儿的“学”的目的在于促使幼儿自主性的美术创作行为的发生，进而促成幼儿审美能力、审美意识、审美情感等方面的发展。教师的“教”与幼儿的“学”是交织在一起无法截然分开的矛盾的统一体。“教学相长”可以很好地解释幼儿美术教学中“教”与“学”的关系。根据幼儿美术学习的特点来设计教学，创设能诱发幼儿主动“学”美术行为发生的美术创作的环境，营造富有艺术感的美术创作氛围等策略的运用在幼儿美术创作教学中必然会有很好的现实意义。

三、幼儿美术创作中的“用”

在幼儿美术教学中，教师“教”与幼儿“学”的核心价值在于幼儿能利用教师“教”的与自己“学”的美术知识、技能开展自主的美术创作。而创作的实质就是运用所学的美术知识与技能。幼儿美术教学中，对“用”的关注体现了现代幼儿美术教育对审美创新的重视。联想与迁移的意识、能力能促成幼儿“用”的行为的发生，若幼儿经常发生“用”的行为，其又能反作用于联想与迁移。

现代学校美术教学中，较明显的一个误区在于教师过多关注教学，忽视幼儿对美术知识、技能的“用”。美术教学活动中幼儿自主进行美术创作的时间相对偏少，教师引导幼儿学习如何“用”的机会也不多，加上教师相对又缺少关于幼儿自主创作的教学方法的研究。这些可能直接导致幼儿虽有较高的临摹能力，但自主创作的能力偏弱。

在美术教学中如何引导幼儿“用”知识与技能需要学校美术教师持续地关注。一般而言，从观念层面看，教师要深刻地理解幼儿美术教学的意义在于帮助幼儿自主运用美术知识与技能，大胆地表达自己的所思所想。从实践层面看，教师要研究如何帮助幼儿“用”美术知识、技能的教学策略，如在设计整体的美术教学计划过程中，对“用”美术知识与技能的课时比例进行统筹安排，设定“用”的课时比例；又如对同类型物象的动态教学中，教师着重引导幼儿展开知识、技能联想与迁移。可以将猫的动态教学与猪、马、牛、羊结构类似动物联系起来，如画猫可以引导幼儿先画脑袋，然后在脑袋的四周任意一个相连的位置画上身体，就可以体现出猫的不同姿态，也就可以赋予某一特定的猫特定的情节。教师在此基础上可以少示范或者不示范，引导幼儿创作其他类似动物的动态造型创作，这是比较有效的关于“用”的教学范式。

理性考察幼儿美术教学中“教”“学”“用”三者的逻辑关系，是幼儿美术创作的基本要求。“教”与“学”是辩证的对立与统一关系，幼儿美术教学中既要有美术知识与技能层面的教学，也要有学习态度与规范方面的教学，要研究“教”，先要研究幼儿的“学”。促进和引导自主性的美术创作行为的发生是幼儿美术教学的理想追求。美术的“教”与“学”应以“用”为目的，“用”要以“教”与“学”为依托，幼儿才有知识可用、敢用、能用。

本章小结

通过本章的学习，对幼儿美术能力与美术创作心理过程做进一步了解，为设计与组织幼儿美术教育教学活动提供支持。正确处理幼儿美术教育中“教”“学”“用”三者的关系，将为幼儿美术教育活动真正贯彻落实《纲要》与《指南》中的艺术教育的基本精神提供有益的帮助。

思考练习题

1. 幼儿美术能力发展包括哪几个方面?
2. 简述涂鸦期对于幼儿绘画能力发展的意义。
3. 简述象征期幼儿绘画能力发展的主要特点。
4. 简述概念画期幼儿绘画能力发展的主要特点。
5. 简述在幼儿美术教育教学过程中，如何处理好“教”“学”“用”三者的关系。
6. 结合幼儿美术创作心理机制理论，对某一绘画个案进行分析，并提出相应的意见与建议。

推荐阅读书目

1. 杨景芝. 美术教育与人的发展. 北京：人民美术出版社，2007.
2. 陆雅青. 艺术治疗：绘画诠释：从美术进入孩子的心灵世界. 重庆：重庆大学出版社，2009.
3. 韩国色彩研究所. 儿童的色彩教育. 北京：电子工业出版社，2009.

第四章

幼儿美术教学活动设计（上）

本章摘要

本章主要阐述在幼儿美术教学活动设计中，美术教学活动的各个要素以及各要素之间形成特定的相互关系的过程。本章将重点阐释幼儿美术教学活动目标的确定、内容的选定、教学准备以及教学方法的选用等问题。

第一节　幼儿美术教学活动目标的确定

一、幼儿美术教育目标构成

幼儿美术教育目标是教师在充分了解幼儿身心发展状况和社会需求的基础上，为教育活动设定的最终结果，它是教育活动的出发点和归宿。它包括美术教育的总目标、分类目标、年龄阶段目标以及具体教育活动目标等层次。幼儿美术教育的过程是围绕着总目标，制定出分类目标，再分解至年龄阶段的目标，通过具体的教学活动，以实现目标的达成。

（一）总目标

根据《纲要》和《指南》的精神，幼儿美术教育总目标可以表述为以下几个方面：

（1）通过线条、形体、色彩等要素，初步感受周围环境和美术作品中的形式美和内容美，对美具有敏感性。

（2）积极投入美术活动并通过各种造型要素自由地表达自己的感受，体验美术创造的乐趣。

（3）初步尝试不同的美术工具和材料的操作，并用自己喜欢的方式大胆地表现出来。

这一总目标是对幼儿美术教育目标最概括的陈述，是幼儿美术教育其他层次目标的依据和最终追求。它体现了审美教育的性质，强调要培养幼儿的审美感知、审美情感和审美创造等基本能力，并指出了达到这一目标的途径。

（二）分类目标

幼儿美术教育的分类目标是要对美术所涉及的内容进行归类，然后据此确定相应的目标。它是从横向的角度展开总目标，反映了幼儿美术教育的全貌。

一般来说，幼儿园美术教育可以分为绘画、手工、美术欣赏三种不同类型活动①。

1. 幼儿园绘画教育活动目标

（1）认知目标。

a. 认识、体验不同绘画工具、材料的特性，探索和学习各种表现方法。

b. 认识常见的固有色和线条。

（2）情感目标。

喜欢绘画活动，体验绘画创作的乐趣。

（3）技能目标。

a. 能以自己喜欢的方式，用线条、色彩、构图等美术语言进行绘画活动。

b. 形成良好的绘画习惯。

（4）创造目标。

a. 能大胆地表达自己的情感和想法，按自己的意愿作画。

b. 综合使用多种绘画工具和材料进行绘画创作活动。

2. 幼儿园手工教育活动目标

（1）认知目标。

认识泥工、纸工等各种手工工具和材料的性质。

（2）情感目标。

a. 体验手工活动的乐趣，能积极参与手工活动。

b. 喜欢手工活动，乐于用手工表达自己的想法和情感。

（3）技能目标。

a. 掌握剪、折、撕、粘、搓、压、印等手工技能。

b. 会使用不同的手工工具和材料制作平面和立体作品。

c. 能使用一些自然材料拼贴造型。

d. 形成良好的手工活动习惯。

---

① 边霞. 幼儿园美术教育与活动设计. 北京：高等教育出版社，2009：73-74.

（4）创造目标。

能大胆地运用各种手工材料，如泥和纸张等，并按照自己的意愿进行创作。

3. 幼儿园美术欣赏教育活动目标

（1）认知目标。

a. 知道周围的自然环境和具体的艺术作品中都蕴含着美，都可以从中享受美。

b. 了解周围自然环境和美术作品的造型、色彩、构图。

c. 知道美术作品的内容、主题以及表现风格，了解美术作品是画家思想情感的表现。

（2）情感目标。

a. 体验美术欣赏活动的乐趣，能积极参与美术欣赏活动。

b. 喜欢欣赏不同风格的美术作品。

（3）技能目标。

a. 掌握简单的美术语言，能叙述和谈论美术作品。

b. 能体验作品的内容美和形式美，感受作品的情感。

c. 尝试运用画家的绘画技巧创作美术作品。

（4）创造目标。

a. 用多种形式（如动作、表情等）表现自己欣赏作品后的感受。

b. 对作品做出简单的评价。

（三）年龄阶段目标

幼儿美术教育的年龄阶段目标是指以不同年龄段幼儿的身心发展特征为依据而确立的美术教育目标，是对总目标的纵向分解，它保证了幼儿美术教育的年龄适宜性和发展的连续性。

（四）具体教育活动目标

具体的幼儿美术教学活动目标是总目标、分类目标和年龄阶段目标的具体化，也是教师在操作层面实施幼儿美术教育的具体要求。幼儿美术教育的其他目标最终都要通过具体教育活动目标才能得以落实。因此，具体教育活动目标必须具有针对性和可操作性。

二、幼儿美术教学活动目标撰写要求

幼儿美术教学活动目标的设计是设计和撰写幼儿美术教学活动方案的一个重要环节。在一个教育活动方案中，活动目标的科学与否，既取决于目标本身的适宜性，也有赖于表述形式上的规范性。

（一）目标本身的适宜性

1. 目标难易度要与幼儿能力发展水平相适应，避免过难或过易

目标作为对幼儿学习任务和活动要求的预先设定，在其实现的难易程度上需要考虑幼

儿的发展实际和最近发展区。一方面，活动目标立适应幼儿已有的能力发展水平，符合他们美术学习的规律和特点，确保他们能够达到目标设定的要求；另一方面，活动目标应把促进幼儿的发展作为落脚点，确保目标具有一定的难度和挑战性，避免其持续停留在低水平上。

2. 目标框架要尽量适应幼儿经验的完整性，合理安排发展的不同维度

幼儿园具体教学活动目标应该尽量从认知、动作技能、情感态度三个维度去构想目标框架，尽量确保目标指向幼儿经验的完整获得，以服务于幼儿的全面发展。

3. 目标撰写要注意各领域目标之间的整合

《指南》指出，“儿童的发展是一个整体，要注重领域之间、目标之间的相互渗透和整合”。在实际教育活动中，各领域的内容是相互渗透的，美术教学中也渗透着其他领域的内容。因此，在撰写幼儿美术教学目标时，要考虑美术教育与其他教育领域的整合。

（二）目标表述的规范性

1. 目标表述尽量立足于幼儿能力发展

如表 4－1 所示，幼儿园教育活动包含了教师的“教”和幼儿的“学”两个方面，在表述活动目标时，我们可以从教师的“教”这个角度出发来制定教育目标，也就是将教师作为表述的主体，也可以从幼儿的“学”这个角度出发来制定学习目标，把幼儿当作表述的主体。活动目标的表述究竟是从教师角度还是从幼儿的角度，并无严格限定。但一个活动目标中的每个条目及其表述在立足点上应保持一致。

目前，在幼儿园教育活动目标的撰写中，幼儿教育界趋向于从幼儿的角度来设计活动目标。因为从教师角度出发表述活动目标容易促使教师更多地关注自己的“教”，考虑“教什么”和“怎么教”的问题，而忽略幼儿的“学”。而如果从幼儿角度表述活动目标可以促使教师更多关注幼儿“学什么”与“怎么学”，关注幼儿的学习方式，关注幼儿学习过程与效果，促使教师更多地“以学定教”，避免“以教定学”。

表 4－1　　目标表述角度举例

表述角度	该角度表述的意义	常用词汇	举例
教师	比较明确地指明了教师应该做的工作与应该努力达到的教育效果，对于教师明确自己在教育活动中的角色与作用有很大的帮助。	“鼓励”“引导”“帮助”“使”“培养”等。	纸折的小动物头（中班） 1. 帮助幼儿掌握根据简单图示折纸的方法。 2. 鼓励幼儿为纸折的小动物头添画。
幼儿	在基于对幼儿当前的发展水平和需要有深入了解的基础上，更多地去考虑幼儿通过学习后应该达到的发展程度。	“体验”“感受”“喜欢”“愿意”“能够”“理解”“学会”等。	纸折的小动物头（中班） 1. 学习根据简单图示折纸的方法。 2. 能根据想象，为纸折的小动物头添画。

2. 目标表述要尽量具体且有针对性，避免空泛笼统

教育活动目标应当是具体而有针对性的。笼统而空泛的活动目标既无法与特定具体教

育活动有效匹配，也不可能在一次教育活动中实现，同时也丧失了对于活动效果进行评判的参照价值。因此，应当针对本活动的特点以及本班幼儿发展特点提出适当的目标，避免出现大而空的目标。

3. 目标表述要简明，突出重点

在一个具体教学活动方案中，目标在条目数量上一般为2～4个，且语言要简练、准确。一次具体的活动不可能承载过多的发展目标，必须有所侧重，也就是要有针对性地突出某些关键经验和核心的学习任务。那些面面俱到的目标是分散的、没有聚焦性，对于教育活动过程是缺乏指导价值的。每条目标的语言要尽可能精练，避免过长的目标，以免引发歧义。简明的目标对活动更具指导作用，既便于执行，也能更好地发挥其导向作用。

三、幼儿美术教学活动目标撰写的案例与分析

（一）幼儿园绘画教育活动目标撰写的案例与分析

案例一　小班绘画活动：烟花飞上天

原目标：

1. 学习用手指点、提的方法画烟花，培养幼儿对美术活动的兴趣。
2. 感受烟花的美丽色彩。

分析与调整：

目标1表述角度不一致，前半部分是发展目标，从幼儿角度表述；后半部分是教育目标，从教师角度表述，且后半部分的表述过于宽泛和笼统。

因此，这一活动目标可以调整如下：

1. 尝试用手指点、提的方法画烟花，大胆地表现多彩的烟花。
2. 能感受烟花的美丽色彩。

案例二　中班绘画活动：牵着线条去旅行

原目标：

1. 回忆并描述旅行的经历。
2. 让孩子学会运用联结、组合、线的交叉等方式进行想象添加。

分析与调整：

活动目标的表述存在以下两个问题：一是表述角度前后不一致，目标1是发展目标，从幼儿角度表述，目标2是教育目标，从教师角度表述。二是从目标框架的完整性来看，缺乏情感目标。

因此，这一活动目标可以调整如下：

1. 体验线条去旅行作画的乐趣。

2. 学会运用联结、组合、线的交叉等方式进行想象添加。

案例三　大班绘画活动：美丽的石头画

原目标：

1. 欣赏各种雨花石及石头画。

2. 学会在石头上作画，感受画画的乐趣。

分析与调整：

本活动目标的撰写存在三个问题：一是表述太笼统，不够具体，也就不具备较强的可操作性；二是目标2作画的要求太低，不适合大班的幼儿；三是从目标框架的完整性来看，缺乏情感目标。

因此，这一活动目标可以调整如下：

1. 欣赏各种雨花石及石头画，感知其色彩、线条、图案的美。

2. 尝试运用点、线、色块装饰石头，大胆地进行想象创作。

3. 在绘画和命名中体验想象与创作带来的乐趣。

（二）幼儿园手工教育活动目标撰写的案例与分析

案例一　小班手工活动：小鸡叽叽叽

原目标：

1. 学习拼贴的方法。

2. 乐于参加活动，体验手工制作的快乐。

分析与调整：

本活动目标过于笼统，看上去像是年龄阶段目标，只是指出了教育的方向，并没有教育活动的具体目标，缺乏可操作性，可以放到任何拼贴的手工活动中。

因此，这一活动目标可以调整如下：

1. 尝试用圆形纸片拼贴小鸡，大胆地想象和表现出小鸡的不同形态。

2. 能用手指点画方法装饰画面，使画面生动丰满。

3. 乐于参加活动，体验制作小鸡的乐趣。

案例二　中班手工活动：万圣节奇异帽

原目标：

1. 能够将报纸制作成帽子。

2. 独立完成作品。

分析与调整：

本活动两条目标都是从幼儿角度出发进行表述，表述角度一致。目标 1 是对动作技能的要求，符合中班幼儿年龄特征，但太过笼统，操作性较弱；目标 2 是情感目标，却是一条通用目标，空泛且笼统。

因此，这一活动目标可以调整如下：

1. 大胆地用报纸制作帽顶，通过粘贴组装创作一个奇异帽。
2. 能够自己选择合适的装饰物（如面具、魔法棒等）进行装饰。
3. 感受万圣节的节日气氛。

（三）幼儿园美术欣赏活动目标撰写的案例与分析

案例一　中班美术欣赏活动：我学大师画格子

原目标：

1. 通过欣赏引导幼儿了解蒙德里安及其代表作。
2. 培养幼儿对抽象画的兴趣。

分析与调整：

本活动目标的撰写存在以下三个问题：一是表述角度，虽然两条目标表述角度一致，但是现今比较认同的是从幼儿角度来表述。二是目标 1 重点不突出。欣赏蒙德里安的代表作并非是要了解蒙德里安这个人，而是感知其作品本身。同时，蒙德里安的代表作有很多，具体是哪一幅也没有点明。三是目标 2 太笼统，缺乏可操作性。

因此，这一活动目标可以调整如下：

1. 欣赏蒙德里安的代表画作《红、黄、蓝的构成》，观察其线条和色块，领略格子画的美。

2. 借鉴大师的格子画风格，大胆地使用黑色的即时贴线条以及红、黄、蓝三色的色块，装饰生活物品。

案例二　大班美术欣赏活动：马蒂斯剪贴画《海底世界》

原目标：

1. 欣赏作品的色彩、形象，并能大胆地表达自己的想法。
2. 尝试创作剪贴画。

分析与调整：

本活动目标的提出没有把握住这幅作品的欣赏要点，欣赏的具体目标和要求缺乏针对性。马蒂斯是法国画家，野兽派创始人，其作品风格是使用大胆的色彩、不拘的线条，另外，剪贴画也是马蒂斯作品的另一个绘画形式。所以，在引导幼儿欣赏作品时，切入点是马蒂斯作品简洁、夸张的造型艺术风格，而剪贴画可以作为一种绘画形式供幼儿学习。

因此，这一活动目标可以调整如下：

1. 感受马蒂斯剪贴画作品简洁、夸张的造型艺术风格，大胆地表达对作品的认识和感知。

2. 尝试用概括、夸张的剪影方式表现海底世界。

3. 体验创作剪贴的乐趣。

第二节 幼儿美术教学活动内容的选定

一、美术教学活动内容选定的依据

（一）符合幼儿美术教学活动目标

为一个幼儿美术教学活动选择内容时，设计者应有很强的美术教学“目标意识”，“自上而下”地根据教育活动的目标选择和组织活动内容；应仔细分析和研究美术教育活动的目标，以及该目标与其他教育活动目标之间的关系，如何根据活动目标选择活动材料，组织活动过程。

（二）符合幼儿身心发展特点及需要

在选择美术教学活动内容时，如果仅仅考虑美术教学活动目标，对幼儿的发展可能起不到很好的促进作用。2001 年我国教育部颁布的《纲要》指出，教育活动内容的选择应体现以下原则：（1）既适合幼儿的现有水平，又有一定的挑战性；（2）既符合幼儿的现实需要，又有利于其长远发展；（3）既贴近幼儿的生活来选择幼儿感兴趣的事物和问题，又有助于拓展幼儿的经验和视野。《纲要》同时指出：“教育活动内容的组织应充分考虑幼儿的学习特点和认识规律，各领域的内容要有机联系，相互渗透，注重综合性、趣味性、活动性，寓教育于生活、游戏之中。”因此，幼儿美术教育活动设计者心中要有幼儿，可以通过观察、记录以及与幼儿对话，了解和解读幼儿的生活和学习经验，在此基础上，选择比较宽泛又具有可变性的美术教学活动内容，还要随时回应幼儿生成的有教育意义的活动内容，满足幼儿日后学习和长远发展的需要。

（三）基本符合美术学科知识的特点

就幼儿美术教育而言，教育内容的选定还应该考虑美术这一学科特点。也就是说，除了遵循教学目标以及幼儿身心发展特点及需要，美术教育内容的选定还应考虑美术学科所具有的独创和审美这一本质特点，让幼儿在美术教育中接受创造教育和审美教育。宗教一向是西方古典绘画的重要题材，它远离幼儿生活，通常来说，不宜作为幼儿美术教育的内容。但是，我们认为，文艺复兴时期拉斐尔所创作的有关圣母玛利亚的作品既有创造性又有审美性，我们可以忽略其宗教色彩，抽取出其中的“母爱”作为主题，并将其诠释为普天下母亲对子女的爱，并引导孩子感知画面上母亲圣洁、安详的形象，以及整个画面恬静的气氛渲染，由此让幼儿联想到妈妈对自己的爱护，进而体验母爱的伟大。这样的作品是可以作为幼儿美术教育的内容的，因为它是人类文化中优秀的遗产。

二、幼儿美术教育的具体内容的选定

美术教育内容一般可分为绘画、手工和美术欣赏三大块。

（一）幼儿园绘画教育内容的范围

幼儿园绘画教育活动是教师引导幼儿使用各种笔、纸等工具和材料，运用线条、形状、色彩、构图等艺术语言创造出可视的、有空间感的艺术形象，培养幼儿的审美创造能力的一种活动。幼儿园绘画教育内容主要有以下三方面：

1. 绘画工具、材料的使用方法

（1）了解与感知各种绘画工具和材料的性质，例如油画棒的油性，水粉颜料、水彩颜料的水性，宣纸的渗透性等。

（2）学习各种绘画工具和材料的正确使用方法。从不同的工具和材料看，幼儿可学习的有彩笔画、水粉画、蜡笔水彩画、水墨画、印画、纸板画、吹画、喷洒画、吸附画等。

2. 绘画的形式语言

绘画的形式语言是指线条、形状、明暗、色彩、构图等美术要素，是绘画表现的手段。幼儿园美术教育中，幼儿所要学习的绘画形式语言主要有线条、形状、色彩和构图等。

（1）线条：包括线条的形态和线条的变化两方面内容。

（2）形状：形状是由线条构成的轮廓和结构，也是造型的基本要素之一。形状是构成画面形象的基础，幼儿对形状的学习主要包括：基本几何形状、基本几何形状的组合以及自然形体等。

（3）色彩：幼儿对色彩的学习主要包括色彩的色相、明度的辨认和色彩的运用。幼儿学习运用色彩的内容主要包括：主体色与背景色关系的处理、色彩的装饰和色彩的情感表现等。这类学习主要通过具体的操作活动来进行。

（4）构图：构图是指在一定的空间安排和处理人、物的关系与位置，把个别或局部的形象组成艺术的整体，以表达作品的主题思想和美学效果。简单说，就是形象在画面中占有的位置和空间所形成的画面分割形式，如单独构图、并列构图、均衡构图等。构图需要对整体的把握能力和预先构想的能力，对幼儿来说有一定的困难，因此，需要逐步学习。

3. 绘画的题材

绘画的题材是指创作者在生活中形成的，根据一定的创作意图进行选择、改造或想象而进入作品的生活现象。幼儿绘画的题材往往来自幼儿的生活。幼儿绘画的题材有：自然景物、日常用品、人物、植物、动物、水果、交通工具、生产工具、建筑物，以及简单的生活事件、自己想象中的物体与事件等。

（二）幼儿园手工教育内容

幼儿园手工教育活动是教师引导幼儿使用不同的工具和材料，运用贴、撕、剪、塑等手段制作不同形态的手工作品，培养幼儿的审美创造能力和动手能力的一种活动。

幼儿园手工教育活动的内容主要有以下三大方面：

1. 手工工具、材料及其性质

（1）手工工具：相对于成人的手工制作，幼儿的手工活动是较为简单的创作活动，所用工具也较为简单，主要有刀、剪刀、笔、泥工板、牙签、切片尺、糨糊、胶水等。

（2）手工材料：幼儿手工活动的材料可以分为点状材料（沙子、小珠子、纽扣、谷物、果核、高粱秆等）、面状材料（纸、布、树叶、羽毛、刨花等）、块状材料（泥、面团、萝卜、瓶子、纸盒等）三种形态。

2. 手工材料的基本制作技法

幼儿可学习的手工材料的基本制作技法有：串连、粘贴、剪（目测剪、沿轮廓剪和折叠剪）、撕（目测撕、沿轮廓撕和折叠撕）、折（对边折、对角折、双正方折、双三角折、集中一角折、集中一边折、四角向中心折和组合折等）、染、盘绕、编织、塑（搓长、团圆、拍压、捏、挖、连接、伸拉）、插接等。

3. 手工的题材

幼儿手工活动的题材有玩具（折纸、泥塑）、节日装饰物（拉花、窗花）、游戏头饰（帽饰、面具纸花）、日常布置用品（染纸、点线画状材料贴画、果蔬造型、瓶盒造型）和贺卡等。

以上是我们选择幼儿园美术教育内容的大致范围，教师在选择自己的美术教育内容时，还应注意根据当地的实际情况来进行，做到因地制宜、因时制宜、因材制宜，有的放矢、实事求是地开展幼儿园美术教育活动。

（三）幼儿园美术欣赏教育内容的范围

幼儿园美术欣赏教育活动是教师引导幼儿欣赏和感受美术作品、自然景物和周围环境中的美好事物，初步了解对称、均衡等形式美的概念，感受其形式美和内容美，从而丰富幼儿的美感经验，培养幼儿审美情感和审美评价能力的一种活动。

幼儿美术欣赏教育内容主要包括两方面。

1. 欣赏对象的类型

（1）绘画作品。

从创作所用的材料看，幼儿可欣赏的是那些所用工具材料和表现手法简单、清晰、明了的绘画作品。从作品的题材内容看，幼儿可欣赏的是那些内容与幼儿生活经验接近、表现手法能为幼儿理解的作品，尤其是人物画，其主题与情节都容易被幼儿理解。动物画也是幼儿最喜欢的绘画类别之一，动物画中的中国画，如徐悲鸿画的马、李可染画的牛、吴作人画的熊猫等，都可以作为幼儿欣赏的对象。从作品的存在形式看，幼儿可欣赏的绘画作品有年画、连环画、宣传画等。年画所特有的民间喜庆气氛、生动的造型、对比强烈的色彩与幼儿的心理有相通之处，因而非常适合作为幼儿欣赏的内容。幼儿画报兼有连环画和插图的性质，也可以成为幼儿欣赏的对象。

（2）雕塑作品。

从制作工艺看，幼儿可欣赏的雕塑有雕和塑两类。雕是从完整而坚固的坯体上把多余的部分删削掉、挖凿掉，如石雕、木雕等。塑是用具有黏结性的材料结构，使之塑造成为所需要的形体，如无锡的惠山泥人阿福系列、天津的泥人张系列等。这些作品生动、形象，表现出了生命活力，容易引起幼儿的兴趣。

（3）工艺美术作品。

从实用性与陈设性上看，幼儿可欣赏的工艺美术作品有日用工艺品和陈设工艺品。前者如经过装饰美化了的餐具、民间玩具、茶具、灯具、服饰、玩具等，后者如以摆设、观赏为主的壁挂、地毯、陶艺、染织工艺等。从民间艺术性上看，幼儿可欣赏的民间工艺品有剪纸、民间玩具、面具、脸谱、风筝、花灯、皮影等。从时态上看，幼儿可欣赏的现代工艺作品有工业产品设计和装潢艺术设计两类。前者如生活日用品、交通运输工具、副食品等；后者如商品包装装潢、广告、贺卡等。工艺美术作品的选择要注意与幼儿的生活结合起来。

（4）建筑艺术。

幼儿可欣赏的建筑作品包括：纪念性建筑类，如法国巴黎的埃菲尔铁塔；宫殿陵墓建筑类，如故宫；宗教建筑，如天坛；住宅建筑，如北京的四合院、福建的圆楼、云南的竹楼；桥梁建筑，如南京长江大桥；公共建筑，如澳大利亚的悉尼歌剧院。教师在为幼儿选择以上建筑艺术作品时应特别注意建筑物造型的创造性。

（5）幼儿美术作品。

教师在选择优秀的幼儿美术作品作为幼儿欣赏的对象时要注意选取那些同龄孩子的、有趣的作品。

（6）自然景物。

教师在选择自然景物作为幼儿欣赏的对象时应注意选取幼儿可以观察到的景物，例如日月星辰、花草树木、虫鱼鸟兽，并注意自然景物不同的美的形态。

（7）周围环境。

幼儿可欣赏的周围环境大致有室内环境和室外环境两类，前者如家庭环境、幼儿园教室环境等，后者如广场、园林等。

2. 欣赏知识与技能

（1）艺术作品的形式分析，如造型、色彩、构图。

（2）作品主题的分析，如艺术家的意图。

（3）对作品的联想。

（4）对作品的表达。

（5）作品的背景知识，如艺术家的生平。

第三节　幼儿美术教学活动准备

幼儿美术教学活动过程是幼儿在与教师、同伴、材料互动中得以主动发展的过程，也是幼儿与自身已有经验进行对接的过程。因而，任何一次美术教学活动，教师都必须根据活动目标、活动内容做认真、全面的准备。教学准备应该包括（幼儿）经验准备和物质准备两部分。

一、幼儿美术教学活动的经验准备

确切地说，经验准备是幼儿经验准备，是指教师在活动开展之前对幼儿已有经验的分析，要考虑到班上幼儿的认知、兴趣甚至习惯等。幼儿学习与发展是一个持续的、渐进的、螺旋式上升的过程。美国教育家杜威曾提出："教育即经验的改组改造。"在科学的幼儿发展观及教育观的指导和影响下，教师们逐渐关注幼儿已有经验对新经验的影响。因此，教师在组织美术教学活动时要反复思考，如何让前面的活动成为后面活动的铺垫、基础，后面的活动成为前面活动的发展、提高和升华，实现教育的联系性和发展性的结合，确保幼儿经验的连续性。对于教师来说，在备课时对幼儿经验准备考虑得越充分、细微，就越能使教学顺利、有效地进行。只有重视幼儿的经验准备，才能不断引导幼儿在原有基础上建构新的经验，从而使教学向前发展。

例如，在美术欣赏活动"我学大师画格子"中，教师设计了如下两条目标：（1）欣赏蒙德里安的代表画作《红、黄、蓝的构成》，观察其线条和色块，领略格子画的美。（2）借鉴大师的格子画风格，大胆地使用黑色的即时贴线条以及红、黄、蓝三色的色块，装饰生活物品。从目标中我们能推断出，要使这个活动顺利地进行，幼儿最基本的经验准备是：了解色彩，知道三原色。

当然，有些活动的经验准备不一定是具备美术领域的相关知识，而是有其他方面的经验的积累。例如，在绘画活动"湖水中的倒影"中，要使幼儿学习运用合印画的方法表现出湖水中春天的景象，需要幼儿对“对称”有一定的了解，还要有观察湖水中倒影的经验。这个活动的经验准备就涉及数学知识以及生活方面的经验了。

二、幼儿美术教学活动材料准备

物质准备是指对每次教学活动所需要的教具、学具、操作材料、场地等的思考和准备，充分的物质准备可以保证教学目标的顺利实现。

1. 教具的准备

教具是教师在教学活动过程中用来辅助教学的工具。如美术欣赏活动需要准备一些艺术家的作品，要考虑选择哪位艺术家、哪一件作品、作品尺寸多大、是纸质稿还是电子稿，等等。此外，还需要考虑教具如何出示、如何摆放、什么时间调换或收拾等问题。

2. 幼儿操作工具和材料的准备

教师应该为幼儿提供一系列能够激发他们艺术探索的材料和工具。美国高宽课程把这些材料和工具分为二维材料和三维材料①。以下是一份详细的艺术区角的材料储备单。

二维材料是幼儿在绘画活动中会用到的最常见的材料，包括画笔、画刷、印章、蜡笔、彩色铅笔、粉笔和油画棒。一些非常规的材料也可运用于幼儿绘画中，包括水、稀释的胶水、糨糊、淡乳、肥皂片和其他可溶解的材料。同时，幼儿需要各种尺寸、颜色和材质的纸。牛皮纸能让幼儿看到最纯粹的颜色，美术纸看起来颜色要淡一些。纸可以成张使用，也可以成卷使用，以备幼儿制作大件物品。其他类型的纸张也会制造出有意思的效果，包括报纸、食品和礼品袋、卡片、金属片和玻璃纸。除了纸张以外，成人也应该为幼儿提供另一些平面供其在上面作画，例如纸盒、树皮、木头、塑料和泥浆。

三维材料包括两类可塑材料，一类是用于塑形的材料，另一类是用于固定造型的材料。材料越自然，越可能具备丰富的特性，给人以更好的创造性体验。好的可塑性材料包括黏土、面团、蜜蜡、湿沙、纸和纸浆。彩泥和橡皮泥也是比较实用的塑形材料。在固定造型的材料里，自然的建筑材料包括木头、棍子、树枝、石头、架子、纱线和布。此外，像纸制品、塑料、硬纸板和泡沫塑料这样的可回收的材料也是很好的艺术材料。同时，教师应当为幼儿提供艺术创作所需要的工具，包括剪子、订书机、胶水、不同类型的带子、橡皮筋和木工工具等。

美国教师比较注重启发幼儿综合使用材料的能力，但前提是所用材料要有助于提升作品的表现力，也就是材料要服从于目的，而不是为了使用材料而刻意地使用综合材料绘画。当孩子们能更好地把握自己的目标并对材料有所思考时，他们会逐步丰富材料，提供

① 爱泼斯坦，特里米斯．我是儿童艺术家：学前儿童视觉艺术的发展．北京：教育科学出版社，2012：56-57.

一些需要较强创造性才能驾驭的材料。在此之前，老师会结合活动目标精心准备，避免孩子们被过于丰富的材料吸引而忽略了作品的内涵①。

在提供工具和操作材料时常常要考虑“人手一份”，这样能提供给幼儿多样的操作机会，也能满足处于不同发展水平的不同幼儿的需求。如果幼儿总是被告诫不要浪费材料，他们探索的欲望就会被严重地削弱。一些不常用的工具，比如剪刀、胶水，可以根据幼儿年龄大小来决定提供的数量，在中大班里建议提供数量较少的这一类工具，这样可以促进幼儿与同伴之间的交流。总之，工具和材料提供的原则是能尊重每个幼儿的想法、经验和创造力，最大限度地促进幼儿的发展。

在经费有限的情况下，幼儿教师也可以收集一些既便宜又丰富的材料。例如，纸就可以为幼儿提供多种创作的可能性，教师可以开发“一物多用，一物多玩”的活动。为了培养幼儿的环保意识，幼儿园会使用一些废旧材料来布置环境，也会用来创作，比如鸡蛋画、石头画、牛皮纸袋装饰等。然而，在利用废旧材料时，需要考虑材料是否安全和卫生。比如旧报纸含铅量高，就不适合作为幼儿的创作材料。一些废弃的家用物品也需要经过消毒处理才能提供给幼儿。

3. 场地、座位的准备

物质准备不仅要思考用什么材料、工具等，有的教学活动对场地、座位也有要求，可以通过附图使教师和幼儿一目了然。一般美术教学活动在室内进行，如果涉及幼儿动手操作的环节可以分组安排座位。

大多数时候教师是活动准备的主体，因而教师必须为教学认真做好自身的经验准备和充分的物质准备，使教学更加有效地开展。

但要注意的是，教师并非唯一的主体。建构主义学习理论认为，人的学习过程是主动的建构过程，学习是学习者的经验体系在一定的环境中由内而外不断生长的。因此，幼儿应成为活动的主动参与者，这意味着不仅在活动过程中，在活动准备期间也应调动幼儿主动参与美术创作的积极性，让幼儿在此过程中学习、思考、提问，并尝试解决问题，与同伴交流。

第四节 常用的幼儿美术教学方法

一、讲授法

讲授法，是指教师通过语言描述、说明和解释知识，向幼儿传递信息，从而使幼儿获

① 顾菁. 在美国幼儿园上美术课. 上海：华东师范大学出版社，2015：37.

得美术知识与技能的教学方法。讲授法具体包括讲述、讲解等教学方式。讲述是指教师向幼儿描述学习的对象，讲解是对某个概念或原理进行分析和解释。讲授法是幼儿园美术教育活动中的重要方法，在运用其他教学方法进行教学时，可有机地结合讲授法。教师运用讲授法的基本要求是：

1. 讲授内容要具有科学性、艺术性和教育性

科学性是指教师对相关的美术概念、原理等的解释要准确，艺术性是指教师运用艺术性的语言激发幼儿进行美术活动的兴趣，教育性是指讲授的内容要对幼儿身心发展有益，不可出现对幼儿有负面影响的用语。

在大班美术活动“美丽的蝴蝶”中，教师用谜语导入，引出蝴蝶主题；然后出示蝴蝶、蜜蜂等昆虫的图片，讲解昆虫体态的对称性，以及对称图案具备的艺术美感，在此基础上，重点讲解蝴蝶的外形特征，引导幼儿观察蝴蝶翅膀上对称的花纹，用对称元素进行创作……在这个活动中，教师就充分地考虑了讲授内容的科学性、艺术性和教育性。

2. 要遵循启发性原则

讲解主要是通过教师讲、幼儿听的方式向幼儿传递信息。教师易于控制自己所讲的内容，但也经常会使幼儿处于被动接受的地位。若教师运用不得当，讲解容易使幼儿产生疲倦感，影响学习效果。因此，教师要讲究语言艺术，注重情感，善于运用生动且富有感情的语言来启发幼儿思维。

在大班的美术欣赏“星月夜”活动中，如果教师这样讲：“画家运用蓝色、紫色和黄色，色彩鲜明，对比非常强烈，给人一种躁动不安的感觉。”就容易让幼儿十分茫然，因为讲解的语言太过生硬，且有不易于幼儿理解的词汇。如果用启发性的语言来讲：“画面上有哪些颜色？哪些颜色是让你感到开心和舒服的？哪些颜色让你感到很难过？”效果就会好很多。

3. 讲授的语言要生动有趣、富有情感，符合幼儿的年龄特点

生动有趣的语言能吸引孩子们的注意力，富有情感的表达可使幼儿身临其境。同时，教师还应根据不同年龄阶段幼儿的特点，运用讲述情境性故事等方法，使用孩子们能理解的语言，使他们更好地接受和理解所学的内容。

在中班美术活动“热闹的大街”中，教师以青蛙弗洛格的身份（幼儿熟悉的绘本角色）出现，说：“哇，你们幼儿园门前的马路可真热闹，都有什么呀？”以此引导幼儿对已有经验进行回顾。教师接着说：“可惜，我们的幼儿园门前冷冷清清！你们有什么好主意让这条大街也变得热闹起来？”（出示一条空荡荡的大街）请幼儿大胆想象，说出自己的想法，并将不同的形状组合在一起，表现物体的特征，通过添画表现马路周边的场景。

4. 坚持体态语

体态语包括手势、神态、站立、移动等。教师在教学中往往有意无意地以体态语配合

讲解，传递着无声的视觉信息。体态语与讲解相配合的原则要求体态语以适当的强度、得体的表情来辅助讲解。体态语是在人们说话时产生的表达情绪、情感的自然形态。教师运用得当就能引起注意、调动情绪、渲染情感、诠释话语、交流沟通，并建立良好的教师形象。

在小班美术活动“小蝌蚪找妈妈”中，教师以“小蝌蚪”的身份出现，用自身的表演讲述了小蝌蚪找妈妈的整个过程。在这个过程中，孩子们不仅了解了小蝌蚪的外形特征，对于小蝌蚪的游泳方式也有所认识。最后教师引导幼儿用不同的材料创作与“小蝌蚪”相关的作品时，孩子们也就有了更多自己的想法。

二、谈话法

谈话法，是指教师根据幼儿已有的知识经验，向幼儿提出问题并要求幼儿回答，或是幼儿提出问题要求教师解答，并通过解答使幼儿获得新知识，从而提升教学经验的方法。教师运用谈话法的基本要求是：

1. 教师在提问前要有计划性，要注意克服问题的随意性

教师所提出的问题要围绕活动内容和目标，问题要明确、清楚、具体、有启发性，要能引起幼儿的积极思考。因此，教师要多提出开放性问题，少提诸如“是不是?”“好不好看?”等封闭性问题，尽量不要提出幼儿可以不假思索便能回答的问题。

2. 教师要注意提问的艺术性

教师所提出的问题要符合幼儿的理解能力，要简单明确，同时要给幼儿一定的思考时间。多提一些引导性的、启发性的问题，以启发幼儿思考，并发表自己与众不同的想法。教师还要重视幼儿的回答，并及时地向幼儿反馈。

3. 教师应鼓励幼儿提问

对于幼儿的发问，教师知之为知之，不知为不知，回答不了的问题可以请其他幼儿来回答；教师也可以与幼儿一起寻找答案，激发幼儿探索美、体验美、创造美的积极性。

在大班美术活动“美丽的蝴蝶”中，幼儿提问：“老师，您说对称的东西很美，那为什么这个看起来也很美呢?”（幼儿拿出一幅不对称的画）这个时候，教师千万不可以否定幼儿的观点，应该和幼儿一起探索对称之外的美。

4. 教师应该特别注意用线索启迪幼儿进行创作

教师可以在谈话的过程中，积极地提供线索，激发幼儿联想、迁移、制造悬念和创作的潜能。线索的种类一般涉及时间线索、空间线索、时间线索、人物线索、故事线索、事物线索、景物线索、情感线索、问题线索等。

如在“森林里的动物”活动中，教师制造悬念，森林里的动物进行了捉迷藏的游戏，

怎么才能让别的动物找不到自己呢？幼儿想出了许多好方法，画出了《伪装的动物》，教师就使用了问题线索引导幼儿进行联想。

三、讨论法

讨论法是指幼儿在教师的指导下，为认识、解决、探究某个问题而进行讨论，通过讨论获得知识的方法。该方法比较适合在中大班幼儿中使用。讨论的形式可以是全班讨论，也可以是小组讨论。讨论的时间可长可短，关键在于教师设定的讨论主题和对讨论过程的组织和引导。教师运用讨论法的基本要求是：

1. 教师要做好讨论前的准备

对于活动中要讨论的问题，教师要有事先准备，问题的提出要有吸引力，能引发幼儿的思考。教师需要让幼儿明确讨论的问题，有时还要事先搜集相关的资料，充分做好讨论的准备。

在大班手工活动“纸塑”中，教师发现幼儿在制作纸浆的时候，不是胶水太少不黏，就是胶水太多太黏。在活动中，教师就请幼儿讨论“加多少胶水，纸浆才不会不黏或黏糊糊的?”这样的问题，引发了幼儿的思考，让幼儿进行充分的讨论，然后在讨论的基础上有针对性地创作，会引发幼儿参与纸塑活动的兴趣。

2. 教师要启发、引导幼儿参与讨论

幼儿的讨论必须有教师的指导。教师需要创设宽松的心理环境，鼓励幼儿各抒己见，允许发表奇思妙想的见解，对不同想法可以展开讨论。教师不要急于下结论，要相信幼儿通过讨论能够解决问题，并在适当的时候给幼儿提供线索，帮助幼儿找出问题与已有经验之间的联系。

在瓶子装饰活动中，教师让幼儿带来了各种各样的瓶子，让幼儿讨论如何装饰瓶子更漂亮。在装饰玻璃瓶的时候，幼儿发现水粉颜料和水彩笔装饰效果不理想。幼儿争论不休，有的说颜料不够浓；有的说要把玻璃擦干净；有的说涂在外壁的颜色很容易掉，涂在玻璃瓶内壁会更好；教师对于幼儿的讨论均表示支持。后来，幼儿慢慢探索出利用贴纸在玻璃外壁进行装饰，利用彩砂在玻璃瓶内壁进行装饰，班级的特色瓶子画诞生了。

3. 教师需要及时对讨论进行小结

在讨论结束时，教师对于讨论的情况要进行小结，概括幼儿讨论的内容。由于美术教学的特殊性，讨论结果未必都要有标准答案，更可能是多元的、开放的或不确定的答案。

在大班剪纸活动“窗花”中，教师结合幼儿讨论的结果，做了一个小结：“每一张窗花的形状是不一样的，里面的花纹也各有不同，有横的、竖的、斜着的，有点点、块块、条条，每张窗花都有自己的特点，都是独一无二的。你可以先想一想你会按什么顺序来剪，路线不同，你的窗花也会不同哦！你可以先用铅笔轻轻地在纸上画好要走的路线，然后用剪刀沿着铅笔线剪。”在讨论的基础上，幼儿就会掌握“镂空连续花纹”的剪法。

四、演示法

演示法是教师在传递信息的过程中，向幼儿展示直观教具，示范绘画、制作等内容的过程，以使幼儿获得对事物形象的感性认识的一种教学方式。演示用的教学媒体有实物、标本、挂图、录像、计算机屏幕投影等等。演示法要根据教学内容的难易程度、幼儿对教学内容的熟悉程度进行灵活运用，教师运用演示法的基本要求是：

1. 演示的准备工作要充分

演示用的教具应在教育活动前准备齐全，摆放在便于使用的位置；教学用的录像、幻灯片、多媒体资料等，要在活动前试放，避免正式放映时出现差错，活动之前还应安排好范例展示的顺序，避免翻找。

2. 演示要选择恰当的时机

演示时机的选择，要与内容进度相契合。在教学过程中，出示教具、挂图以及技法、制作的演示时机要适当，最好是在幼儿集中注意力的时候。一般来说，演示法可在下列情况下运用：教学内容具有一定的难度，单纯用语言讲解不能使幼儿充分理解和掌握知识，幼儿对创作主题不够熟悉。演示的目的是要使幼儿对物象有总体的印象。

3. 演示要和讲解有机地结合

运用演示的教学方法是为了帮助幼儿更直观地认识和把握物象的基本特征，使幼儿思考表现物象的整体形象。在演示过程中，教师要把演示的内容与观察、讲解方法有机地结合起来。讲解的语言应力求通俗易懂、简洁生动、富有启发性，能为幼儿所理解和接受。这样，通过视知觉和听觉这两种途径获得的信息能使幼儿更好地把握物象的特征和结构。

五、练习法

练习法，就是幼儿在教师指导下，进行各种形式的绘画、制作等练习，从而熟练地掌握各种美术知识与技能。教师运用练习法的基本要求是：

1. 教师要对幼儿提出练习的要求

幼儿还不会自觉地、有目的地去练习各种美术技能。因此，教师在每次练习前要向幼儿明确练习的要求、操作的方法和步骤，培养幼儿操作练习的自觉性，使幼儿目的明确，能按步骤有条不紊地进行操作练习。

2. 教师的指导要有目的性

教师首先要着眼于全班幼儿，及时发现全班的共性问题和多数幼儿的问题，及时运用讲解、演示等方法予以指导；其次是要及时发现每个幼儿的问题，因人而异地解决幼儿遇到的问题。

3. 教师要用游戏的形式进行练习

用游戏的形式进行练习也叫游戏练习法，单纯以技能熟练为目的的练习不能引起幼儿的兴趣，所以练习的方式要多样化，并注意发挥幼儿的创造性，教师要给幼儿一定的空间，让他们能根据自己的想象进行自由的表达。教师要善于创设一些技能和游戏融合的课程，如小班美术活动“小花猫绕线团”，目的是让幼儿练习画螺旋线；小班美术活动“下雨啦”，目的是让幼儿练习画短线。

六、尝试探究法

尝试探究法是指在教师指导下，由幼儿自己发现问题、探索问题和解决问题的教学方法。尝试探究法的主要特征是相关的美术技能不是直接由教师教给幼儿，而是教师只提供有关范例，让幼儿通过自主尝试找到解决问题的方法。

尝试探究法是由教师设置一个情境，让幼儿对某一学习任务经过几次错误的尝试后找到正确答案的教学方法。一般可分成以下四个步骤进行：

1. 情境设置

设置一个与美术活动主题有关的、新颖独特的教学情境。具体设置的要点有两个方面。

一是教师要善于运用游戏的情境来感染和调动幼儿创作的热情，用适宜的游戏情境刺激幼儿创造。情境表演、看视频、讲故事、变魔术、玩沙、糊纸盒、拼贴石头图片等活动都是幼儿喜欢的游戏。这些游戏里又包含着丰富的美术知识，而创设宽松、有趣的游戏环境，更易于让幼儿把自己的所思所想表达出来。如在“小蝌蚪找妈妈”活动中，教师让幼儿扮演小蝌蚪，更好地激发了幼儿的创造力。

二是创设的情境应具有新颖性。创设的情境一定要新颖、多变，其目的是引发幼儿的新奇感，各种现代教学技术为教师提供了极大的创造空间。不过，引发幼儿新奇感未必一定要用视频、投影、电脑等现代化的教学设备，关键在于教师对美术活动内容和幼儿实际发展水平的把握。比如，一段视频能将幼儿带入奇妙的植物世界，一幅大的森林背景图能成为幼儿制作的动物们的气息场所，偶尔开展的比赛或评奖活动能使幼儿热情兴奋，一个小小的游戏能唤起幼儿无限的想象。

2. 尝试练习

如果表现或制作的难度不大或有一定难度，但经过幼儿的努力也能够解决，又或者幼儿当时没有意识到困难等，教师可以让幼儿尝试练习，也可以先尝试某一局部的练习，尝试体验某一步骤。

3. 探索讨论

让幼儿带着问题在讨论中寻找合适的答案，或从搜集的资料中寻找解决问题的方法，或者通过新的尝试来解决困难。这是幼儿主动探索、研究和解决问题的过程，也有可能是发挥小组集体的智慧，合作攻克难关的过程。

4. 讲解指导

对于幼儿普遍解决不了的问题，教师应提供必要的讲解。讲解要具体，要讲究层次，也要注意必要的启发性。对于非普遍性问题，教师应进行有针对性个别讲解。不宜将个别化的问题或者困难向全体幼儿进行讲解，以免对他们的创作产生不必要的干扰。

从上述这些教学方法中可以看出，有些方法是教师主导型的，如演示法等；有些方法是师幼互动型的，如谈话法、讨论法、练习法等；有些方法是幼儿主导型的，如尝试探究法。教学方法的运用会受到美术活动目标和内容的限制，因此，教师要根据实际情况灵活、综合地运用各种教学方法。

本章小结

本章主要介绍了幼儿美术教学活动目标设计与内容选择的一般知识，同时提供美术教学的常用方法。建议结合实际的幼儿美术教学设计案例进行实践练习，对提升幼儿美术教育活动水平会有更大的帮助。

思考练习题

1. 请根据幼儿美术活动目标撰写要求及教师指定的主题，尝试为大中小班幼儿撰写绘画、手工、美术欣赏这三种不同类型的美术教育活动的目标。

2. 在了解绘画、手工、美术欣赏等方面的美术教育内容的基础上，练习幼儿园常用的美术操作工具、材料和方法，体验各种材料的性质。

3. 简述常见的幼儿美术教学的方法。

推荐阅读书目

1. 李慰宜. 幼儿绘画教学活动设计. 上海：上海社会科学院出版社，2002.
2. 美术课程标准解读. 北京：北京师范大学出版社，2002.
3. 迪克. 系统化教学设计. 上海：华东师范大学出版社，2007.
4. 张华. 经验课程论. 上海：上海教育出版社，2000.

第五章

幼儿美术教学活动设计（下）

本章摘要

本章主要讲述幼儿美术教学活动设计的过程模型，具体涉及绘画、手工与美术欣赏等三类美术教学形式的过程设计及其基本流程。此外，通过本章的学习，将会了解到幼儿美术教学活动设计的基本格式以及与设计评价相关的基本知识。

第一节　幼儿美术教学活动设计的过程模型

美术教学活动是幼儿审美教育的重要形式。美术教育教学活动的整体规划与设计，对保障幼儿的美术学习与表现的顺畅展开，以及提升教师美术教学的效益方面有不可取代的意义。

一、幼儿美术教学活动的构成

幼儿美术教学属于正规的教学活动范畴，是需要设计的。幼儿美术教学设计必须考虑学习对象的年龄、能力、经验与技能水平以及兴趣背景等。美术教学基本过程的设计需要依托美术表现主题与教学目标。目前，在以综合主题教学形式开展各类教学活动的背景下，幼儿美术教育活动主题很多时候应该服从于大主题的要求。

幼儿美术教学过程设计的主要任务是遵循美术教学设计的基本理念，参照布鲁姆等人提出的教学流程设计理念，以编程的形式直观地描述美术教学中教师与幼儿，教学内容、教学媒体与教学环境等要素之间的关系，为教师提供具有实际参考价值的美术教学设计方案。

由于具体美术教学任务的不同，美术教学过程设计在遵循美术教学整体性目标的同时，必须体现个性化的美术教学过程。绘画、手工、美术欣赏是美术教学的主要形式，它们具体涉及技能、表现、欣赏三种不同的教学任务，三者之间是为互为支持、互为依赖的双向关系，技能与表现主要涉及绘画与手工两个方面的教学。技能学习为迁移、表现服务，美术欣赏可以帮助幼儿在获得相关审美经验的基础上发展他们的发现美、欣赏美、创造美的能力。如图 5－1 所示，美术技能、美术表现、美术欣赏都应置于主题活动当中进行设计，虚线表明幼儿美术技能与审美欣赏能力的获得应该与其他主题的美术活动建立联系。

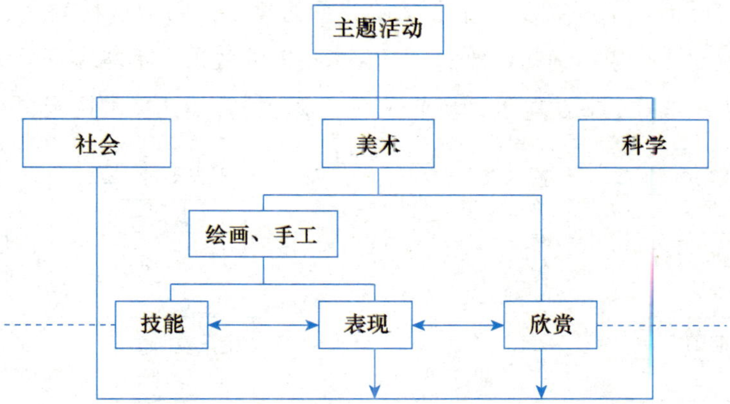

图 5－1　主题活动中美术技能、美术表现与美术欣赏间的关系

二、以美术技能教学为主要内容的美术教学过程设计

美术技能教学是美术教学不可缺少的重要内容。这种美术教学过程设计，以技能学习为主，可以以学习技能的特点、幼儿的年龄特征为根据来设计①。

这种以美术技能教学为主要内容的教学主要包括：（1）尝试与直接教授相结合的美术技能教学过程；（2）直接教授的美术技能教学过程。

（一）尝试与直接教授相结合的美术技能教学过程（见图 5－2A）

这种过程优点在于教师为幼儿提供体验的机会，鼓励他们在没有习得必要的美术技能的前提下进行大胆地尝试。幼儿切身的体验问题的发生可以激发幼儿对学习美术技能的兴趣。教师通过问题情境了解幼儿可能发生的问题，分析并结合幼儿问题，进行有针对性的技能指导教学，提高教学的实际效果。美国著名美术教育家阿恩海姆认为："当儿童遇到

① 该幼儿美术技能教学过程是参考布鲁姆等人提出的掌握学习理论中的教学程序与加涅等人提出的指导学习理论中的教学程序设计的。

美术表达困难时，教师提供的帮助最有效。”

如图 5－2A 所示，在该过程中，告诉目标（1）和告诉目标（2）是有区别的。前者主要是“利用什么做什么”，而后者是指“利用什么，怎样做”。教师目的有很大的差异。

该美术技能教学过程主要适用于幼儿容易出现问题的、初次学习技能的过程，如对水粉画、国画、泥工、纸工等的学习。在教学反馈阶段，教师发现问题时可以有针对性对幼儿进行指导、示范，如果问题比较普遍，可以考虑提供第二次学习机会。

（二）直接教授的美术技能教学过程（见图 5－2B）

这种美术技能教学过程相对更注重幼儿原有美术知识技能与新的美术知识技能之间的联结，多用于幼儿已有相关美术知识与基础的美术技能教学当中。教师在教学过程中，要充分尊重幼儿的反馈，了解需要，注重互动关系的建立。因为这种教学过程相对比较枯燥，如果不注意幼儿兴趣的调动，他们学习美术技能的效果就不能保证。教师可以从教学环境、媒体、组织形式、方法等设计环节入手，设计适合幼儿美术技能学习的最优过程。

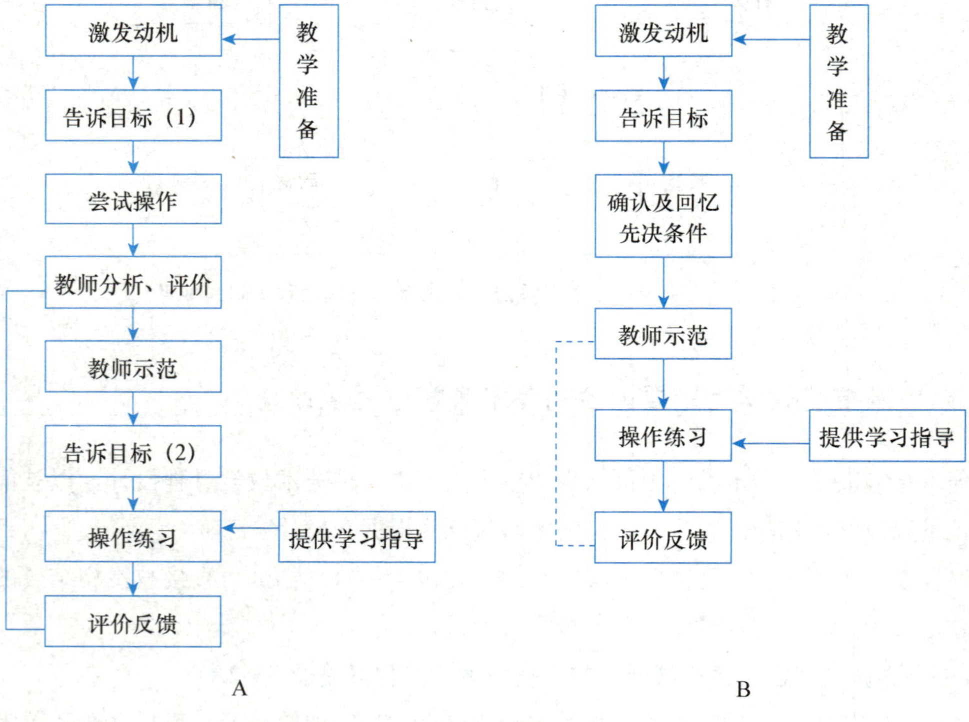

图 5－2　两种美术技能教学过程

三、以美术表现为主的美术教学过程设计

美术教学设计的根本目的是为幼儿人格发展提供平台，美术表现应该是其中的一项核心内容。美术技能与知识的获得的一个主要的目的是为幼儿美术表现提供支持，以美术表

现为主的美术教学过程设计有别于美术技能教学过程设计。

由图 5-3 可知，问题的展现是一个联结主题或者幼儿经验环境的重要环节，教师通过讨论、谈话，激活他们对相关问题的个性化认识，形成表象。确认及回忆先决条件的目的在于帮助幼儿明确美术表现所需的、已经掌握的技能、态度、知识经验。创作与表达阶段是教学活动的主要阶段，教师的任务在于观察、了解幼儿美术表达的意图、困难，并提供必要的指导。评价反馈环节要求对幼儿表现做必要分析，并向他们反馈信息。比如有没有技能表现困难，是否有需要进行相应的技能提升学习等等，为下一步美术教学设计做好铺垫。活动的延伸环节将把幼儿对主题或者学科相关内容的表现反馈到相应领域，有时也涉及美术活动向区角活动的发展。

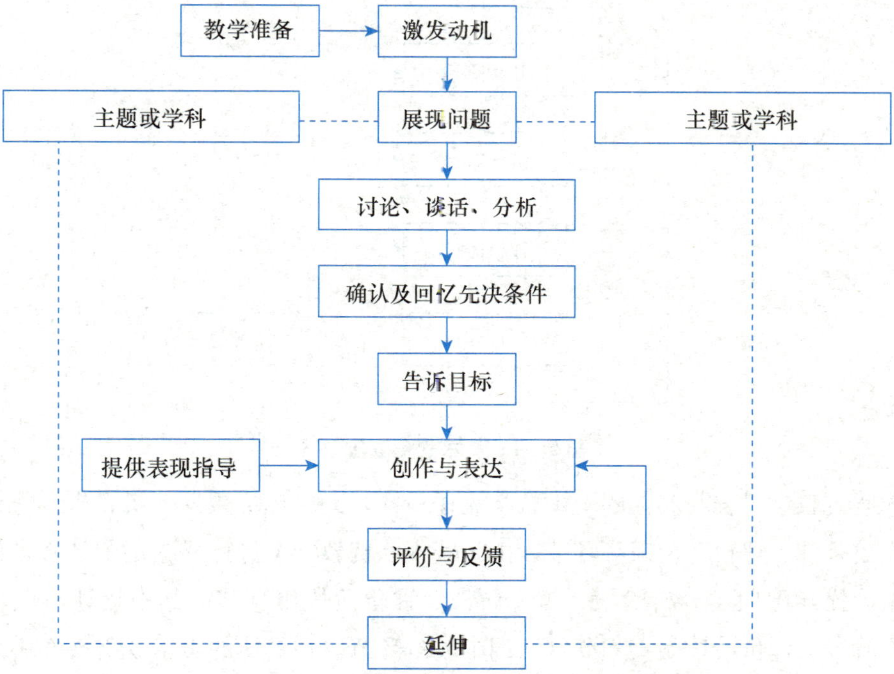

图 5-3　以美术表现为主的美术教学过程（虚线表示教学过程的外围环节）

四、美术欣赏教学过程设计

美术欣赏是对美术作品的一种和谐的、令人愉快的、无拘无束的探索。美术欣赏教学的目的在于加深对美术作品、生活和大自然中美的事物的理解，提高审美意识，培养幼儿的审美感性，促进幼儿自信心、能力的发展。

遵循幼儿美术欣赏的发展阶段、心理动态结构（初始阶段、高潮阶段、效应阶段）主要阶段的特征以及主要的教学设计理论，美术欣赏教学过程流程图设计如图 5-4 所示。

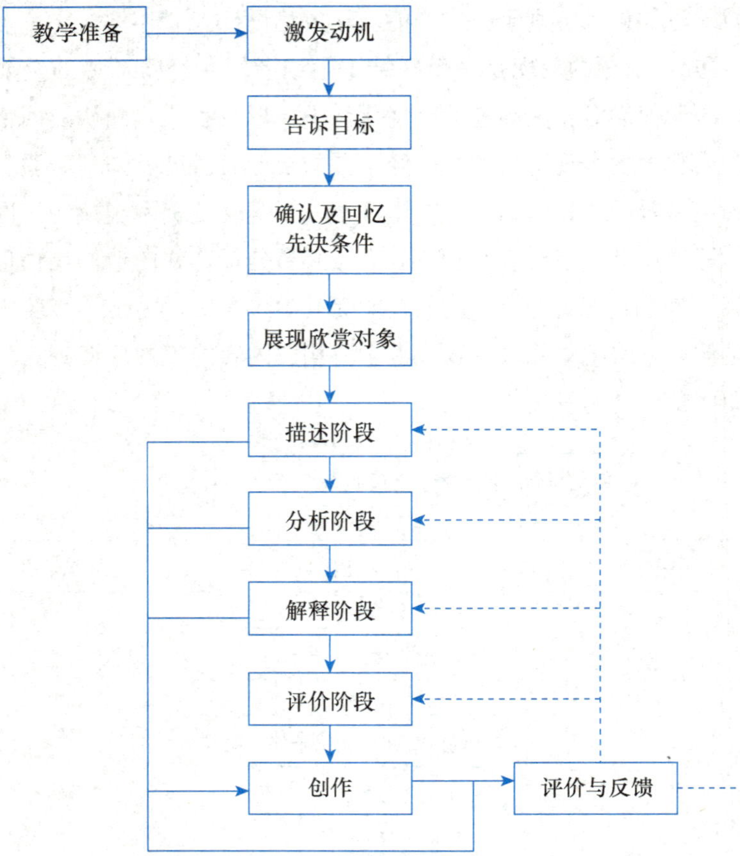

图 5-4　美术欣赏教学过程

美术欣赏教学过程与其他的美术教学流程一样，必须包括激发动机、告诉目标、确认及回忆先决条件、评价与反馈等环节。由于美术欣赏教学本身特征决定了其必须包括展现欣赏对象、描述阶段、分析阶段、解释阶段、评价阶段等环节。其中描述阶段、分析阶段、解释阶段、评价阶段是美术欣赏的四个基本环节。在具体的美术欣赏教学中，是否需要经历美术欣赏的四个基本环节，主要是根据幼儿能力和教学目标决定。创作环节主要包括：第一，幼儿模仿欣赏作品进行美术表现；第二，幼儿利用欣赏作品表现手法进行创造性表现，这是一种能力迁移的表现，但这个环节也不是必需的。在美术欣赏教学评价与反馈环节之后，可以有两种选择，包括结束某个美术欣赏主题活动与就某个欣赏主题做进一步的挖掘。图 5-4 的虚线就直观地体现了这两方面的选择。

美术欣赏的四个基本环节包括：第一，描述阶段。此阶段是指陈述欣赏对象外在的、可立即指称的视觉对象，不涉及作品或其他欣赏对象的含义及价值的认定，对幼儿来说，就是要对欣赏对象的主题、形象、材料等方面做出较为详尽的描述。第二，分析阶段。此阶段指分析欣赏对象的关系，在此阶段幼儿的主要任务是学习表达对形式美的感觉。第三，解释阶段。此阶段指探讨一件作品所蕴含的意义。第四，评价阶段。这一阶段的主要任务在于判断欣赏对象的价值，是一个要求较高的阶段。

前面论及的三种基本美术教学过程设计为美术教学的具体开展、计划制订提供了较为科学的模本，但具体的教学环境、教师能力、幼儿的特点等可能存在具体的差异。因此，因地制宜地灵活运用这些美术教学设计流程显得十分重要。总之，有效的美术教学基本过程设计可以引导幼儿展开有益的美术创作，在创作题材选择、创作程序安排、创作技巧获得与提升方面得到很好的启示。

第二节　幼儿美术教学活动设计案例的格式

不同教师在撰写美术教学活动案例时会采用不同的格式，有的习惯用表格式，有的习惯用陈述式；有的喜欢从教师的角度来撰写教案，有的则喜欢把幼儿可能的反应都提前预估，并设计好相应的反馈；按主题教学的教师在设计活动案例时会写出活动的主题背景；按领域教学的教师则通常直接从教学目标入手；新教师会把案例设计得尽可能详细，以便把握住教学的各个环节；有一定工作经验的教师则会把案例设计得简略一些，以便在教学时根据幼儿情况随时调整。但总的来说，美术教学活动设计案例的一些基本的元素是固定的。

一、活动名称

活动名称须写明美术活动的具体领域，明确是绘画、手工还是美术欣赏。在此基础上最好能够进一步细化活动内容，如“创意画：巨人的家”“折纸：钢琴”“泥工：生日蛋糕”等。

二、活动目标

活动目标是活动期望幼儿达成的目标。撰写目标时需要注意目标不可设定得太宽泛，要细化，对教学有切实的指导作用。目标可以从教师的角度来写，如“让幼儿学习染纸的方法”；也可以从幼儿的角度来写，如“学会染纸的方法”。但不论选择什么角度，都要确保所有目标立场的统一。目标的确定最好能够兼顾发展程度不同的幼儿，对绝大部分幼儿必须达到的目标和部分发展较好的幼儿能够达到的目标都要加以考虑。

三、活动准备

美术活动通常需要准备的材料是比较多的，所以教师在设计活动时要尽可能地考虑周全。尤其是对新教师而言，一块抹布、一个小篮子都不要忽略，这样才能保证幼儿的活动顺利完成。另外，活动准备包括两个方面，除了材料准备，比如纸、笔、颜料、范画等，还有幼儿的经验准备，如“幼儿已经体验过蒙上眼睛通过触摸辨识物体”“幼儿已经访问过家长，对父母的职业有所认知”等。

四、活动过程

活动过程是整个活动设计的主体。通常是按照活动过程的时间顺序来撰写，主要包括引题、讲解示范和谈话讨论、交代任务启发构思、幼儿创作与教师指导、欣赏和讲评等步骤。每个小步骤既可以从师生两个方面来写，一方面写教师的指导语，另一方面对幼儿的回馈做简单的预测。也可以只从教师的角度来写，写明教师的言语和动作，同时把指导要点都指出来，以保证教师在组织活动时心中有数。

活动过程往往是由层层递进的几个部分组成，在每个部分结束时需要有个简单的小结，整个活动结束时则有最后的总结。每个部分可以简略地写出具体要做的事情、讨论的话题，也可以详细地写出活动的所有细节。

所谓详案和简案的差异主要就在活动过程部分，简案只需写出活动流程的主要线索，而详案则可以详细到写出教师要说的每一句话、要做的每一个动作。新教师都是从撰写详案开始训练，直到自己已经非常熟悉美术教学活动的过程，在对幼儿有了充分的了解之后，才开始写简案。

五、活动反思

活动后的反思对于教师专业素质的提高非常有帮助，它包括教师自身的感受、对活动的评价、经验和教训以及对后续活动的初步设想等。活动反思是在活动结束后进行的，但在设计活动案例时已经可以对这部分提前考虑。首先，教师自身的感受就是教师组织活动时自己真实的体会，是紧张还是放松，是愉快还是困惑等；其次，对活动的评价主要是活动目标是否达成、幼儿发展如何、教师表现怎样、师生是否有收获、是否有个别幼儿表现突出或不足等；再次，经验和教训可以来自教学方法、指导方法、材料提供等方面，通常用讲故事的方式来写，这部分对于教师的自我成长很重要；最后，根据本次活动的情况，教师还要对后续活动有一些构想，这也是教师反思的重要部分。

除了以上几个基本要素以外，教师在设计活动案例时也可以根据自己的需要和喜好增加其他的内容，比如活动的来源、活动的重难点、活动大致流程以及延伸活动等。

第三节 幼儿美术教学活动设计的评价

幼儿美术教学设计的评价是完整的幼儿美术教学过程设计的最后一个环节。幼儿美术教学设计从评估幼儿美术学习与表现需要开始，考察学习者特征，依照幼儿美术学习与表现目标设计美术教学策略、媒体、资源、过程，指导幼儿美术实践活动，最后应该找到合适的测试方法与测试内容，用以测量幼儿达到幼儿美术教学目标所要求的感知、情感、创造的程度。

常用的幼儿美术教学评价方式一般有三种，即诊断性评价、形成性评价、总结性评价。

诊断性评价是指在美术教幼儿对幼儿美术知识技能、生活经验水平、理智技能、社会性技能、态度等进行摸底。

形成性评价的主要功能是给教师与设计小组的成员提供幼儿美术教学方案实施中对教学目标所起作用大小信息，它能及时了解阶段美术教学的结果和幼儿美术学习与表现的进展情况与存在问题，侧重于对幼儿美术教学过程的调整。它既注重过程也注重结果，具有实施次数多、有针对性施测、不给幼儿定性等特点。

总结性评价是用来测量美术教学活动告一个段落（如一个主题或几个主题结束）时把握美术教学最终结果的评价，它思考的是“已经做的怎样”的问题，主要用来鉴定是否达到幼儿美术教学目标预期的效果。何时运用何种评价方式要根据幼儿美术教学评价的具体需要决定，在幼儿美术教学评价方案设计中可以体现这方面的要求。

一、幼儿美术教学活动评价方案设计

幼儿美术教学评价方案设计是一项重要的基础工作，它主要对四个问题做出详细说明：一是在幼儿美术教学的每个环节中，应该收集哪些资料可以用来确定教学目标的达成程度；二是应建立怎样的标准来解释收集的资料；三是应选择哪类幼儿作为被试者；四是评价需要哪些条件。

1. 确定收集资料的类型

幼儿美术教学评价的资料来源主要有两类：一是幼儿学习成就信息，包括美术知识技能水平、认知、情感、社会交往能力等，以了解幼儿达到教学目标的程度，这类信息来源于美术作品、测试、操作，可以是定量资料也可以是定性的材料；二是关于美术教学过程如何进行的信息，以了解幼儿美术教学设计方案的运行情况，同样也可以用量化与定性分析来反映，数据来源于对美术活动展开情况的观察和对幼儿在美术教学过程的反应考察，幼儿的言语、表现进程、行为、媒体使用是重点关注的对象。诊断性评价可以参照上述两

种评价进行。

2. 确定评价标准

确定幼儿美术教学评价标准可以相对保证评价本身的客观性。在确定评价标准时要解决两件事情：一是评价的类别，幼儿美术教学常用的评价类别有美术作品、幼儿行为（言语）、使用的媒体与材料、方法、程序等；二是评价各类别的细化标准，例如对美术作品评价可以从构图、用色、造型、构思四个角度确定等级来确认评定发展状况。评价时如果有常模是比较理想的，一般可能更多用标准参照类的评价比较多。

3. 选择被试

被试选择所要遵循的基本原则是随机选择幼儿，即每个参与美术教学活动的幼儿都应有机会成为被试者，被试者数量要适中。

4. 分析试用的可行性

试用幼儿美术教学设计方案应该详细说明应具备的条件以及将要受到什么限制等问题。

二、幼儿美术教学活动评价工具设计

编制效度与信度较高的幼儿美术教学评价工具要适应幼儿美术教学过程进展和幼儿个体的特点，这是幼儿美术教学评价工具设计的一个根本要求。

对于幼儿美术教学评价工具的设计可以根据幼儿美术教学目标分类评价不同的结果。

（1）感知目标评价：感知目标涉及美术、生活中的各类知识、认知策略以及理智技能目标。对认知方面的目标在幼儿美术教学的评价可采用作品分析的方法，幼儿美术作品往往直观地反映了他们的认知水平；可以通过设计美术表现测试来考察美术作品，如学习了画小鸡的动态后可以看看幼儿能否画小鸟的动态，这里涉及幼儿能否领会和把握动态表现规则。

（2）情感目标的评价：情感是属于个体隐私，但幼儿的情感具有外露的特点，所以对幼儿在美术活动中情感目标评价可以从幼儿的美术表现行为、言语以及美术作品入手进行评价。对行为、言语的评价可以运用观察法，对美术作品同样可以运用作品分析，评价指标可以多考虑色彩运用与造型。此外，可以利用问卷、访谈等方式了解信息，对他们相应的情感、行为变化进行评价。

（3）创造目标：创造目标涉及美术造型、构图等方面的技能，也涉及幼儿创造力方面的表现。因此，创造目标评价设计可以运用作品分析法，检测幼儿美术表现技能水平，同时借用一些智力量表测试幼儿美术创造力，利用量化指标评价判断幼儿创造发展的状况。

（4）社会性目标：幼儿在美术活动中的社会性表现主要体现在他们的言行举止上，教师通过观察，记录幼儿的社会化交往行为，采用定性与定量相结合的分析方法是较为理想的。

三、幼儿美术教学活动评价的反馈与修正

在完成幼儿美术教学评价设计后，就要考虑如何运用评价所提供的信息向美术教学问题解决方案以及幼儿美术教学问题分析阶段反馈，考察美术教学活动的过程和结果，诊断可能存在的问题症结，寻求问题解决的措施。这是幼儿美术教学过程中的一个积极的、建设性的环节，主要目的在于改进以后的教学。

1. 幼儿美术教学活动设计常用的反馈信息的收集方式

幼儿美术教学活动设计是一个相对复杂的系统工程，多方收集关于教学的各种信息是一项必然的选择。幼儿美术教学活动设计常用的收集反馈信息的方式有美术教学中的谈话、提问、观察、作品分析以及相关的一些形成性测验、问卷。

幼儿美术教学中的谈话往往与提问结合在一起。教师借助提问，引发幼儿回忆、思考，通过幼儿的回答获取反馈信息，了解他们对美术表现主题的把握、材料工具的使用等情况。观察是一种基本的收集资料的手段，教师通过观察了解幼儿的能力水平、美术表现风格等，可以获取直观的信息。作品分析是将幼儿美术作品按照一定的标准进行量化分析，从而了解幼儿关于美术表现的一般情况，如在用色、造型、构图、创造性以及认知与情感方面的特征。形成性的测验可以考察美术教学目标的达成情况，而不是单纯评价作品的优劣。问卷主要通过家长、教师了解关于幼儿美术方面的情况。

明确了信息收集手段，还要考虑在什么时间收集，需要收集哪些幼儿美术教学方面的信息等问题。幼儿美术教学信息一般要包括美术表现过程信息与作品信息，这两类信息涉及认知、情感、社会性、能力、兴趣等要素。时间上可以在幼儿美术教学活动前、过程中或者教学后都可以。通过这样的方式收集幼儿美术教学信息后，做客观分析，将有助于调整教学，提供幼儿美术教学的效果。

2. 幼儿美术教学信息分析步骤与调整的设计

从系统的观点看，对幼儿美术教学信息的分析实际上就是一种反馈。形成性评价获得的信息应该在第一时间直接反馈给美术教学的各环节与要素，并直接运用于美术教与学的调整过程当中。总结性评价在对幼儿美术学习与表现进行价值判断的同时，也能为教师今后的美术教学工作提供参考价值。

幼儿美术教学信息分析应遵循实事求是的原则，保证反馈信息切实有效。幼儿美术教学信息分析一般有以下几个基本步骤：

（1）将收集到的幼儿美术教学信息进行归类整理。信息的归类整理可以保证反馈的针对性。信息归类的方式可以根据分析需要进行选择。可以根据目标归类，也可以根据问题性质归类。

(2) 选择分析工具对收集到的幼儿美术教学信息进行分析，发现存在的问题和症结。在发现问题并分析原因的阶段中需要运用相关学科知识，并结合幼儿美术教学实际与幼儿特点进行，保证分析的客观性。信息分析可以根据信息本身的特点决定用量化分析还是质性分析。

(3) 提出反馈意见并修改幼儿美术教学计划或方案。反馈意见要具体，要有可操作性。

幼儿美术教学信息分析之后就需要对教学方案进行调整。幼儿美术教学调整应该着眼于幼儿美术教学设计的系统。对幼儿美术教学设计的调整，必须依靠在美术教学评价阶段收集到信息与教学过程中教师敏锐的洞察力。幼儿美术教学目标与教学实施、师幼互动阶段是两个需要重点关注是否需要调整的环节。教学目标的是否达成是检验某个幼儿美术教学设计的根本性要素，教学过程提供的信息可以帮助教师判断教学动机、教学策略的设计是否有效、是否与主题建立了联系，是否充分地运用了现有的教学资源等。幼儿美术教学信息反馈和调整应该涉及系统内的各环节，对自主性美术活动也应提供信息反馈，以协助幼儿获得良好的美术活动体验。

第四节　幼儿美术教学活动设计案例与评析

一、绘画教学案例

案例一　大班绘画活动：猴趣

活动目标：

1. 学习数字“3”，并通过变化“3”的方向来表现各种动态的小猴。
2. 尝试用刷、撕等方法呈现近似国画的创造美。
3. 体验小组合作完成长卷画的乐趣。

活动准备：

教师：画纸、黑纸、墨汁、展示架、伴奏音乐、硬纸片、有关猴子的PPT、蜡笔

幼儿：前期要对猴子的生活习性和动作形态有所了解。

活动过程：

一、画一画

1. (出示硬纸片)“平时用硬纸片玩过刷画的游戏，今天我们就用它在长卷上来画树，看看哪一组完成得又快又好。”

2. 播放音乐，师生一起画树。

3. “刚才大家一起合作，画出了一排排的小树。你看了有什么感觉啊?”

4. “原来硬纸片也能画出水墨画的感觉呢！”

二、撕一撕

1. “在这么美的树林里，来了一群特殊的朋友。”

2. （出示黑纸）“我要用这张纸把它变出来。”（以撕纸的方式，撕出一个“3”）

“对，我就要用这个数字‘3’的样子，变出我们今年最要好的朋友。”（展示猴子的图片）

3. “你平时见过猴子吗？它们在干什么呢？”

“对，我们就可以用这样一个简单的‘3’，变出你们所说的各种各样的猴子。”（将撕好的“3”按照不同方向摆放）

4. “现在，就请你们也来撕一撕、变一变吧。”

请个别幼儿将“3”贴到老师的“树林”中，可以随意粘贴，变化出猴子的不同动态。

5. 总结：“原来，我们只要将‘3’摆放的位置或者方向变一变，就会出现不同动作的猴子。现在就请你们一起合作去完成吧！”

三、做一做

1. 播放音乐与 PPT，幼儿操作，教师指导。

2. 提醒幼儿在创作中应注意的点。（引导幼儿学会合作创作、学会不同方位的摆放、编出一个关于“猴子”的小故事等。）

四、讲一讲，评一评

1. 作品展示，形成一幅猴趣图。

2. “猴子们在树林中可开心了，肯定发生了很多有趣的故事。谁愿意将你们创作的图展示给大家，并说一说发生了什么故事呢？”（选 3 个幼儿）

3. “现在，就要给它取个名字，叫‘猴趣’，有趣的‘趣’，这些猴子真有趣！”

五、结束语

“现在，我们一起把创作的猴趣图拿到大厅，让其他小朋友也欣赏一下吧！”

案例二　小班绘画活动：小蝌蚪找妈妈

活动目标：

1. 尝试利用拓印和添画曲线的方式，表现动态的小蝌蚪。

2. 在大胆表现小蝌蚪的过程中，体验合作创作的乐趣。

活动准备：

1. 背景卷轴：池塘的景色（包括石头、荷叶、荷花），长约 3 米，用夹子固定。

2. 可以粘贴的小动物：鸭子、鱼、乌龟、青蛙。

3. 黑板两张，桌子呈长条状摆放（幼儿作画时站立于桌子两边）。

4. 拓印材料：鹅卵石、绒毛球、瓶盖、胡萝卜、软木塞、海绵等。

5. 辅助材料：黑色、白色颜料；棉签、海绵，每人一个小碗、一块抹布、一件围兜，喷瓶、装饰眼；背景音乐；等等。

6. 幼儿生活经验和知识的准备：幼儿已听过“小蝌蚪找妈妈”的故事，并在日常教学中有意引导幼儿观察小蝌蚪。

活动过程：

播放歌曲《小青蛙》，教师带领幼儿一边做小青蛙的动作，一边进入活动场地。

一、情境引入：观察小蝌蚪的外形特征

1. 提问：“刚才的歌曲里唱的是谁？”（可以让幼儿自由模仿青蛙的叫声和动作）

2. 师：“暖和的春天来了，池塘里的冰融化了，青蛙妈妈睡了一个冬天，也醒来了。今天我们一起来分享一个发生在池塘里的有趣的故事吧！”

讲述第一段和第二段，范画：用绒毛球画一个从下往上游的小蝌蚪。

讲述第三段，范画：用胡萝卜画一个从右往左游的小蝌蚪。

讲述第四段，范画：用海绵画一个从上往下游的小蝌蚪。

讲述第五段，范画：用鹅卵石画一个游动快速的小蝌蚪（尾巴变化）。

3. 师：“请问我们一起分享了一个关于谁的有趣的故事？”（小蝌蚪）

“你见过小蝌蚪吗？它长的什么样子？”

总结小蝌蚪的外形特征：“小蝌蚪有一个大大的脑袋，一条细细的尾巴，喜欢穿着黑衣裳。小蝌蚪们花了不少工夫终于找到了自己的妈妈，可以和妈妈一起在池塘里愉快地做游戏。”

二、小结提升：分享拓印和添画的基本方法

1. 分享不同的绘画材料

师：“请问，刚才老师用了什么材料把‘小蝌蚪’印在了池塘里？”

小结：“其实，不仅仅是笔，我们生活中的很多材料都可以作为我们画画的工具，让我们的画画变得更有趣。”

2. 分享拓印的步骤和方法

师：“应该怎么使用这些材料呢？谁想来试一试？”

小结拓印的方法：“选择一样你喜欢的材料，把它放入小碗中，轻轻在水里蘸一蘸，放在画纸上用力按一按，快速拿起不要停留，擦干净小手，再用棉签蘸上颜料添画小蝌蚪的尾巴，最后给它们贴上圆圆的小眼睛。”

3. 动态表现的方法

师：“小蝌蚪在水里四处游，有的从上往下游，有的从下往上游，有的从左往右游，有的从右往左游。那怎样表现小蝌蚪不同的游泳姿态呢？”（请幼儿猜测）

“对了，可以用上这条小尾巴。”（点图示范）

三、想象创作：体验合作创作的乐趣

1. 师：“接下来就请大家一起来印画欢乐的小蝌蚪吧！”

（将画纸平铺在桌上，放好材料）

2. 教师介绍规则

(1)“每个蓝色的箩筐里都有不同的材料，你可以尝试每一种材料，材料使用完以后，请放入蓝色的筐中，其他小朋友还要继续使用。”

(2)“蘸颜料压印后，先用抹布把手指擦干净然后再用勾线笔画尾巴，尾巴的方向由自己来确定，不过尾巴不要太长。”

(3)“在画画的过程中，你需要保持画面和桌面的整洁，每个人都有一块小毛巾，这是你最好的小帮手，及时擦掉手上和桌子上的颜料。”

(4)“注意使用材料时在画纸上用力压一下就马上拿开，不要在画纸上左右移动，不要让小蝌蚪跑到别的小蝌蚪身上或者跑到池塘的外面。”

3. 幼儿自由创作，老师随机指导

四、展示分享：拓展拓印的其他用处

幼儿展开作品进行展示，介绍自己创作的小蝌蚪。

提问：“你选用了什么材料？你的小蝌蚪是怎么游的？”

延伸：“那你觉得还有什么材料可以印出小蝌蚪呢？”

“你还想用这些材料印出什么好看的画呢？”

（教案：宁波市江东中心幼儿园　李莹）

二、手工教学案例

案例一　大班手工活动：纸杯娃娃

活动目标：

1. 了解纸杯娃娃的基本构造，初步掌握分割、组合等基本制作方法。
2. 能设计自己喜欢的纸杯娃娃，并能按照设想进行制作。
3. 培养节约自然资源的意识和对手工制作的兴趣。

活动准备：

1. 不同大小、材质的，使用过的纸杯若干，工具及辅助材料若干；
2. 相关作品视频。

活动过程：

一、创设情境，引出活动内容，激发幼儿的兴趣

1. 师：“今天我们班里带来了一位小客人（出示脏、破的一次性纸杯），它哭得可伤心了，我们来问问它为什么哭呢？”

教师以纸杯的口吻讲述：“我原本是一个干净漂亮的一次性纸杯，大家都特别喜欢

我。可是有一天我的小主人用我喝茶之后，说我没用处了就把我给扔了。我在马路上被踢来踢去、滚来滚去，就变成现在这个样子了。我看上去又脏又臭，大家都不喜欢我了。小朋友们，难道我只能被扔掉或卖掉，真的没用处了吗？请你们赶快想个办法帮帮我吧！”

2. 幼儿自由讨论，开阔思路，教师适时评价。

3. 师：“你们的办法真不错，看来只要动动脑，动动手，纸杯能做出这么多东西啊！今天我们一起来帮助这个可怜的一次性纸杯，用纸杯做个娃娃吧。”

4. 师：“老师先带你们去纸杯娃娃王国看看吧！你们瞧……”（出示课件，激发幼儿的兴趣）

二、介绍基本构造和制作方法

1. 师：“我看了纸杯娃娃王国后，也想用这些纸杯来个‘超级变变变’，看清楚了，我要变了。”

教师出示完成的纸杯娃娃作品。

2. 分析纸杯娃娃的结构，介绍制作方法。

(1) 师：“你们来仔细看看纸杯娃娃是由哪几部分组成的？”（教师在问的同时对纸杯娃娃进行拆分）

难点提示：在组合时要注意它们的比例。

(2) 讨论头和身体连接的方法。

难点提示：“用牙签连接可以让头自由转动。”

(3) 讨论四肢等的制作方法。

(4) 讨论装饰的方法。

三、幼儿实际制作，教师指导

操作要求：

1. 先设计后制作，完成后给纸杯娃娃取一个好听的名字；

2. 合理的使用老师提供的材料，注意安全地使用剪刀；

3. 制作完成后把剩下的垃圾清理掉。

四、介绍作品，教师评价。

鼓励幼儿大胆发言并对他人的作品做出合理的评价。

（教案：宁波市江东中心幼儿园　李莹）

案例二　大班手工活动：“老鼠娶亲”

活动目标：

1. 在熟悉故事的基础上，利用剪纸、添画创作“老鼠娶亲”的场景。

2. 动态地表现“老鼠娶亲”的场景，并通过线描画的形式进行画面装饰。

活动准备：

1. 彩色卡纸、剪刀、胶水、记号笔、油漆笔等；

2. PPT：绘本故事《老鼠娶亲》。

活动过程：

一、PPT 绘本导入，引出“老鼠结婚”的场景

二、创作内容讨论

场景中可能出现的人物及物品，教师根据幼儿的讨论出示相应的范例。

三、创作步骤分享

（一）花轿的设计

1. 幼儿设计花轿，教师需提醒幼儿花轿的顶部要画开，不然花轿会过小。

2. 设计花轿的花纹，但不需要画满，学会黑色面与线条的搭配。

3. 知道花轿里坐着新娘，所以孩子可以自己设计画新娘。

（二）人物的设计

1. 老鼠的站姿不同，头朝左、朝右或朝上，方向各异。

2. 不同的老鼠有不同的角色，有打鼓的、有放炮的、有抬花轿的，幼儿可自由创编。

3. 老鼠服饰：戴墨镜的、打领带的是“新郎”等。

（三）场景设计

剪下各个创作好的部分，进行画面的布局、粘贴。

四、画面装饰

1. 如用油漆笔画上烟花把画面提亮；

2. 幼儿把教师事先剪好的字自由地粘贴在各自的作品上，让画面感饱满。

（教案：宁波市卡路里培训学校 邵芬芬）

三、美术欣赏案例

案例一　大班欣赏美术作品：《春如线》

活动目标：

1. 尝试运用通感的读画法欣赏吴冠中以简洁、明快、概括的线条进行创作的抽象派风格的国画，体验画面的形式美、意境美。

2. 能细致地观察画面，以流畅丰富的语言表达自己的审美感受。

3. 模仿画家的风格自由作画，体验创作的乐趣，进一步增强用笔墨进行创作的能力。

活动准备：

1. 知识准备：幼儿在参加国画欣赏活动之前，已经对我国著名国画画家的作品有所了解，具备了欣赏国画的基本能力，并掌握了一定的术语与绘画技巧；开展以“春天”为主题的活动，引导幼儿欣赏春天的景色，丰富幼儿对大自然的经验。

2. 材料准备：国画作品《春如线》的幻灯片，背景音乐《春光美》，绘画工具（毛笔、宣纸、国画颜料、墨水等）

活动过程：

一、导入活动

与幼儿一起回忆熟悉的画家及欣赏过的国画作品，介绍画家吴冠中。

引导语：“小朋友，你们欣赏过哪些国画画家的作品？他们画得最好的是什么？”

“今天我们来欣赏画家吴冠中的国画，你们猜猜他最擅长画什么？”

二、结合音乐、舞蹈、散文诗等艺术手段，引导幼儿欣赏国画《春如线》

（一）用多媒体演示国画作品《春如线》，初步感受作品中西合璧、抽象派的绘画风格。

1. “这幅画与你以前欣赏过的国画有什么不同？”

2. “你们觉得这幅画画的是什么？”

（二）播放音乐《春光美》，引导幼儿用通感的读画方法感受作品的意境美。

引导语：这幅国画画的是春天的景色，你们仔细听音乐、看画面，想象春天的美丽景色，可以和同伴小声地说一说。

1. “听着音乐看着画，你能想到的春天是什么样子的？”

2. “你是从画上的哪些地方看出的？”

3. “画面上的线条是什么样的？让你想到了春天里的什么？”

4. “画面上有哪些颜色？这些颜色像春天的什么？”

（三）播放音乐，幼儿用舞蹈动作表现对作品的审美感受与体验。

引导语：小朋友想象得非常美，让我们用动作来表现美丽的春天吧！

（四）教师配乐朗诵的内容要与画面内容相吻合，可以是体现画面意境的散文诗《春天在哪里》，进一步提升幼儿的审美能力。

引导语："我也觉得这幅画很美，我还为这幅画编了一首散文诗，我们一起来听听吧！"

（五）引导幼儿结合自己对画面的理解给国画取名字。

引导语："吴冠中爷爷也给自己的这幅画取了一个名字叫作《春如线》。"

三、幼儿自由创作活动

引导语："我们也来画美丽的春天吧！"

四、欣赏和评价幼儿作品

将幼儿的作品布置在展板上，引导幼儿介绍自己的作品并相互欣赏、互相评价。

（教案：福建省实验幼儿园　董双红）

案例二　大班美术欣赏活动：兵马俑

活动目标：

1. 欣赏兵马俑典型的动作姿态、服饰装备。

2. 知道秦始皇兵马俑是世界上最大的地下军事博物馆，真切地感受中国人的聪明和智慧。

活动准备：

1. 与兵马俑相关的视频及图片。

2. 橡皮泥、用古典音乐做背景乐。

活动过程：

一、出示挂图，师幼欣赏

二、让幼儿了解兵马俑是由"兵俑"和"马俑"两部分组成的."兵俑"是士兵，"马俑"是战车和战马，这些人、马、车都是用陶土做成的。

三、播放兵马俑的视频，请幼儿欣赏并观察画面，发现兵马俑典型的动作姿态和服饰装备。

1. 提问："你看了这些兵马俑后发现了什么？"（可以从兵马俑的服饰、装备、动作、神态等方面引导幼儿观察）

2. 根据幼儿的发现，适时提出辅助性的问题：

"兵俑的面部神态和动作是什么样的？"（是神态严肃，握着兵器，有的蹲着，时刻准备去战斗的样子）

"兵俑的服饰是什么样的？"（穿着铠甲）

"马俑的装备是什么样的？"（配有马鞍）

"你觉得这个兵俑几岁了？他在军队里当什么？为什么？"

"你觉得他心里在想什么？"

"看着兵马俑的布军阵势，你觉得会发生什么事情？"（要打仗）

"兵马俑有多高？多大？"（和真人、真马一样高、一样大）

"你看了这些兵马俑后，心里有哪些感觉？"（勇敢、强大、壮观）

"你知道它们是谁制作的吗？"（古代的中国人）

3. 总结："小朋友，秦始皇兵马俑是世界上最大的地下军事博物馆，兵马俑都是用陶土做成的，既有兵俑，也有马俑，'兵俑'就是士兵，'马俑'就是战车和战马。它们栩栩如生，就如真的士兵、马和战车一样。"

四、制作兵马俑

师："今天我们也一起来学学古代那些能工巧匠，来做做兵马俑。"

教师提供橡皮泥、图片，让幼儿模仿制作兵佣或者马俑，并进行集体交流。

（教案：宁波市江东中心幼儿园　李莹）

本章小结

幼儿美术教育活动的设计涉及多方面的工作：目标确定、内容选择、做活动准备、教学方法选择等，每一个要素都要建立在熟知幼儿身心发展特点及需求的基础上，而且也是对美术教育教师教学素养与教学智慧的考验。对幼儿美术教学活动设计的评价是美术教学活动设计的重要一环，需要给予重视和关注。

思考练习题

1. 如何撰写幼儿美术教学活动目标？
2. 幼儿美术教学活动内容选择的依据有哪些？
3. 画出幼儿美术教育内容范围的框架图。
4. 幼儿美术教学活动在开展之前要做哪些准备工作？
5. 幼儿美术教学活动组织的策略有哪些？

推荐阅读书目

1. 顾菁. 在美国幼儿园上美术课. 上海：华东师范大学出版社，2015.
2. 唐松梅，周慧萍. 从美出发：聚焦幼儿审美经验建构. 南京：南京师范大学出版社，2016.

3. 佩洛. 艺术语言：以探究为基础的幼儿园美术活动. 北京：教育科学出版社，2011.

4. 张明红. 给幼儿园教师的101条建议. 南京：南京师范大学出版社，2007.

5. 俞春晓. 幼儿园集体教学活动设计方法与实例. 北京：中国轻工业出版社，2012.

第六章

幼儿美术教学活动的组织

本章摘要

本章将结合幼儿美术教学活动开展过程中的常见问题与美术教学活动组织的一般原则，着重介绍幼儿美术教学活动组织方法与形式，并对美术教学活动组织过程中可能出现的问题做集中阐述。通过本章的学习，你将会在幼儿美术教学活动的组织策略方面得到积极的支持。

第一节　幼儿美术教学活动组织的原则

美术是视觉艺术，它具有视觉艺术的直观性和具体性，而且其形象的表现又是静止的并对物质具有特殊的依赖性，这就决定了美术教学的特点，如教学的直观性、形象思维的自主性、创造性思维的特殊性等。幼儿园的美术教学活动应根据幼儿身心发展的特点、美术教育自身的特点、幼儿园美术教育的目的，制定符合其自身规律的原则。

一、愉悦性原则

愉悦性原则是指整个美术教学活动是一个充满快乐的过程：一方面表现在活动过程中，师幼都处于一种愉悦的状态，能获得美感满足，并兴趣盎然；另一方面还表现在活动过程中，教师采用游戏等幼儿喜欢的方式，使幼儿积极主动并富有创造性地在无拘无束、轻松愉快的氛围中参与美术活动。

人的行为是在喜、怒、哀、乐等情绪的直接驱动下进行的，同时积极的情绪如快乐、热爱、喜欢等，由于它与某种需要的满足相联系，通常会伴随一种愉悦的主观体验，并能提高人的积极性和创造能力。让幼儿以自己喜欢的方式画自己喜爱事物，并且这些事物是他们绘画时所愿意表现的对象，这样做的目的是让幼儿的喜欢、快乐、自由的情绪情感，转化为一种积极的动力，使他们的兴趣、专注度、积极性得到较大改善。让幼儿运用一定的美术造型手段，去表现和他们的生活经验息息相关的情感，就是要唤起他们心中所喜爱的、渴望拥有的、印象深刻的事物的情感，并通过绘画的形式将这种情感再一次表现出来，这个过程是幼儿内心情感的外化，所以它是愉悦的、快乐的。

幼儿在学习过程中的主动与被动，往往取决于他们主观能动性的发挥，而主观能动性的发挥又常常与环境提供的有利机会和条件有关。教师应提供丰富有效的材料激发幼儿从事美术活动的积极性，帮助孩子获得成就感。当教师为孩子提供了丰富有趣的材料时幼儿会为材料所吸引，自然会主动地操作材料，积极、愉悦地参与到教育活动中去。幼儿由于小肌肉还不发达，动手操作能力较差，因此教师只有为幼儿提供丰富有趣且能使画面产生较好效果的材料，才能使幼儿既对美术活动产生兴趣，又能使他们轻松地获得成功，而且还能使画面产生很好的效果。生活中处处都有美，时时可以创造美。比如提供纸团让幼儿压印。在纸团印画“美丽的秋天”活动中，幼儿拿着废旧报纸团成的纸团蘸上颜料，随便压印，就能印出一片片美丽的“果林”。比如在小班的染纸活动中，幼儿用宣纸蘸上水彩颜料，很快宣纸变成了一块块美丽的“花手帕”。丰富有趣的活动材料让幼儿觉得绘画原来就是“玩”游戏，绘画是件快乐的事情。孩子的生活用品、玩具也可以成为美术活动的工具，如牙刷可以进行喷刷画，蔬菜可以进行印画，玻璃球可以滚画。孩子穿的鞋子也可以作画，鞋子底部花纹是多种多样的，印出来的画也不一样，多么神奇多么美，孩子们看到自己鞋底的纹路时会欣喜若狂。孩子的玩具汽车也可以做画笔，在车轮上涂上颜料，在纸上滚动，不同的车轮、不同的色彩可以画出不同的作品，特别是画笔还能滚动，孩子们非常愿意参加这样的探索活动。在老师提供的新颖的材料和工具中，幼儿会产生新颖的构思、丰富的联想，在对工具和材料的操作过程中产生愉悦的审美体验，从而能更积极地发现生活中的美，更有兴趣参与美术活动。

在教学活动中，教师以游戏的口吻导入，能激起幼儿的参与兴趣。幼儿好动、好模仿，行为受情绪的支配，尤其是小班孩子，处于绘画的象征期。因此在活动中，教师首先要从激发幼儿的兴趣入手，赋予幼儿适当的角色，运用游戏、故事等形式引入，以激发幼儿参与活动的兴趣。如在绘画活动“鸭子”中，老师先让幼儿猜谜语：嘴像小铲子，脚像小扇子，走路左右摆，水上划船子。猜出后随着音乐做“鸭子戏水”的游戏，让轻松、有趣的音乐激起幼儿画小鸭子的兴趣，在谜语中点出了鸭子的特征。又比如在教孩子们画小鸡时，孩子们画不好小鸡的嘴巴，可以使用的方法是一边做示范绘画，一边用简单的语言表达出来："点点儿连线，在圆的前面点一个点——点上一个小豆豆，往前拉拉手，往下拉拉手。"用简单、生动的方式让孩子学会绘画。

同时，教师在教学活动中使用生动形象的语言也能激发孩子参与的兴趣，全身心地投入活动中去。在"我爱春天"的主题意愿画活动中，教师用语言启发幼儿发现春天的美："树木的树冠有的像一把撑开的大伞，有的像收起来的雨伞，有的像一团大棉花，有的像绽开的礼花，四季青方方的像桌子，小黄杨圆圆的像皮球，真是千姿百态，美不胜收。"老师的语言会引导孩子发现幼儿园里竟然有这么多的绿色，而且各不相同，柳叶的嫩绿，月季花的粉绿，郁郁葱葱的紫荆树的翠绿，常绿灌木丛的墨绿……在这样的教学活动中，是老师诗歌般的语言打动了孩子们的心灵，唤起了孩子们内在的情感，使孩子们纷纷动手，创作了一幅幅充满童稚气息的作品。

在活动过程中，教师运用趣味性的语言也能引导孩子自始至终地投入活动，小班幼儿的思维属于直觉行动思维，因此他们在美术活动中，往往是画到哪里算哪里，甚至刚开始时很有兴致，后来容易被其他事情所吸引，画上几笔就不愿意画了。这时，教师可以用生动有趣的游戏化的语言提示、指导或鼓励幼儿。例如，在画树叶的活动中，小朋友画了一片叶子后就把画交到老师那里说：老师，我不想画了。这时，老师并没有强迫他再去画，而是用另一种方式说："哎呀，这片叶子真好看，可是没有伙伴跟它一起在空中玩，多可怜啊，你去帮它找几个好朋友吧，好吗?"小朋友点点头，又认真地画了起来。教师的语言就是带路的小溪流，能把孩子带到畅想的海洋。

二、审美性原则

审美性原则是指教师在美术教学活动中，根据幼儿的审美心理特点，遵从美术学科的特性，引导孩子们发现事物中蕴含的美，激起幼儿的审美热情，形成美的意向，将美的发现和感受贯穿于观察、发现、创作的各个环节。

审美性原则是由美术教育的本质特点决定的。美术的任何一种特殊的功能意义必定要以美术的审美本质为中介①。对幼儿来说，美术与其他领域的学习有所不同，除了通过学习获得一定的知识、技能之外，幼儿被带到一个美的天地，他们的情感因此变得更加细腻和丰富，这便是美术教育在全部教育中的独特优势。所以，在美术活动中审美心理应当受到特别的重视。

审美心理结构主要包含审美准备阶段、审美体验阶段和审美效应阶段。由审美体验带

① 许卓娅，孔起英．艺术．南京：南京师范大学出版社，1997：35.

来的效应可能有两个：一是审美效应；二是创造效应。当人以自身的内在情感去呼应外物时，心中产生一种美的体验，由审美体验产生审美判断和更高的审美需要，以及更高雅的审美趣味和更丰富的情感生活。稍有艺术创造力的人，还会萌发出创作的冲动，在时间和物质材料允许的条件下进入创作，进而创作出美的作品。

同时，审美功能是美术最主要的社会功能。审美功能指培养幼儿对美的事物、美的形式的辨别力、敏感性和感受力。美术还具有认识、教育、娱乐等社会功能，而认识、教育、娱乐等功能均以美术的审美性为核心展开，离开了审美功能，其他社会功能将无所依托。

审美性原则的提出意味着美术教学活动的开展应根据幼儿审美发展的一般规律与特征展开，引导幼儿在活动中感知审美对象的审美特征。对美术作品的欣赏就是要捕捉它的某几个最突出的特长，也就是事物的审美特征，从而唤起记忆，获得对事物的完整形象。审美意识的诱发与提高需要审美的情景。教师可以通过讲授、操作、体验等方式为幼儿创设获得审美经验，开展审美体验的机会。幼儿可以从课堂中的欣赏，整合与升华幼儿从环境、生活以及艺术得到的审美经验。如“美丽的白色”与“蜡笔小黑”主题可以帮助幼儿得到关于白色和黑色的不同的理解与体验，扩展幼儿选择用色范围；梵·高的《星空》与莫奈的《盲女》等名画欣赏除了可以得到情景性的体验以外，幼儿还可以获得对不同色彩的整体性感知，诸如蓝、黄、白组合与绿、黄、蓝组合的整体视觉效果。教师可以利用水粉、水彩、蜡笔、油画棒等不同质地的色彩材料，设计有趣的色彩实验，引导幼儿在色彩变化的过程中获得色彩知识和原理、色彩体验带来的乐趣，提升对色彩的感觉。

三、体验性原则

体验性原则是指从最贴近幼儿的客观环境出发，多方位、多元化地为幼儿创设感知美的环境，最大限度地为幼儿提供体验的机会，引导幼儿自觉地建立起良好的审美感觉，激发他们的艺术情感，形成表现美和创造美的强烈兴趣。幼儿只有在想要表达自身丰富的体验时，才会创作出真正属于幼儿自己的绘画。一般认为体验是一种活动，也是活动的结果，活动即主体亲历某事并获得相应的认知和体验。

在幼儿园教学活动中，我们会看到这样的情况：美术教学活动开始了，教师说道：“今天我们画汽车，让我们来欣赏一下各式各样的汽车的图片吧。”（幼儿事先并未体验过与观察汽车等相关的活动）活动要求每个幼儿画一辆自己喜欢的车。这种“单一”的美术活动在日常教学中经常会见到，而且在幼儿园美术教育研讨活动中也常常会出现。这样的美术也是孤独的，它没有科学观察活动的支撑，没有音乐感受活动的共鸣，没有语言表述的积累，没有社会实践体验的支持，只会产生短时间内对“车”这一形象的一点点联想。

这样的美术活动只为画而画，幼儿的绘画活动没有成为整个丰富生命感知的“喷射口”，这样的美术是孤独的美术，是没有生命力的。

体验是幼儿美术创作活动的源泉。幼儿的美术表现是建立在丰富的生活体验和经验上的，因此要让美术教学活动与幼儿的感性生命活动产生紧密联系。在绘画活动之前首先要让幼儿把自己的情感投射到一定的对象上，外界对象的形象愈丰富，幼儿可以触及的领域也愈广泛。然后是让幼儿丰富地、多角度地去体验，体验是让幼儿通过心灵的观察和思索，从平凡的生活中发现美的存在，引导幼儿用心感受生活，让生活中美的事物在他们的头脑中形成鲜明清晰的形象。这种体验包括两个层面：一是实践层面的体验即身体的体验，如让幼儿亲身投入，用眼睛去寻找，用耳朵去倾听，用双手去拍打树干，用鼻子呼吸空气中的花香……幼儿调动全身的感官去感知一切，在心中产生最为真实的对美的情感体验，就为创造性的表现活动打下基础；二是心理层面的体验即情感的体验。情感体验也是美术教学活动的重点，没有情感就没有对美的感受和体验，也就没有美术创造。

因此，在日常生活中应注重幼儿对生活、对自然、对社会中事物的情感体验，并使这种体验逐步内化为其感性认识。美术教学活动中，教师应鼓励幼儿大胆地将自己的认识表现在美术作品中。要使幼儿和美术教育内容之间建立一种内在的联系，幼儿美术教育必须回到幼儿的情感和生活中来，使教学活动与幼儿的心理体验紧密相连。如绘画活动“梅树下画梅”，教师抓住孩子们对蜡梅强烈的喜爱和好奇心，为孩子们创设了一个自由的空间共同赏梅花、闻花香，最大限度地给孩子营造接触、体验梅的机会，并创造一种能激起创作欲望的艺术空间，让孩子们用自己的笔绘出蜡梅花开的景色，激发孩子们的绘画热情，寓教于乐。

在美术教学活动中，教师要以各种生动有趣的教学手段，如录像、范画、访问、旅游、故事、游戏等方式创设情境，让幼儿通过触、视、听觉等进入情境角色，经历体验，以增强幼儿对形象的感受能力与想象能力。如在“我们的幼儿园”绘画活动中，教师可先带领幼儿绕着幼儿园走，边走、边看、边记，让幼儿亲自体验所看到的一切，再一次强化幼儿对周围事物的印记，这是一个真实的体验。幼儿学习的过程是一个探索的过程，只有经历探索才能获得新知体验。如在“青花盘”主题活动中，当教师把幼儿引进青花盘这一神秘之地后，孩子们通过“摸”体验了青花盘的光滑与圆润；通过“看”体验了青花盘的线条造型，块面效果所形成的艺术魅力，白色的底，青色的花纹，让人爱不释手；通过“听”体验青花盘浓郁的人文精神；通过“想”去发现，去分析，从而懂得青花盘在内容、色彩、形式上的特色。孩子们感受着新知，体验着新知，也加强了他们对本民族多元文化价值的认识和尊重，形成了强烈的民族自豪感和爱国心。在创作阶段，教师要用启发的方式充分调动孩子们的主观能动性，激发他们的创作欲，鼓励孩子们自由地发挥，创作不同风格的艺术作品，享受创作的乐趣。同样，在最后的评价阶段，教师要给孩子积极的鼓励，让孩子体验成功的乐趣。

四、创造性原则

创造性原则是指教师根据美术活动本身的特点以及对幼儿创造潜能的认识，在美术活动过程中注重为幼儿营造创意氛围，通过多种形式来丰富幼儿的表象，培养幼儿艺术创造的主动性。

毕加索说过“儿童是天生的艺术家”。每一个孩子都是艺术家，儿童的艺术是儿童心理世界的真实流露，在他们小小的身体内蕴含着巨大的艺术潜能。挪威音乐学院教授让-罗尔·布约克沃尔德通过对挪威、美国、俄罗斯三个国家的儿童艺术进行研究后发现，“儿童和艺术家有着相同的血脉，他们都是缪斯本能的承载者，他们都会本能地感受到缪斯天性的内在迫切冲动。这些本能在儿童那里自然地发挥作用，并且在诗人、画家、雕塑家和作曲家身上艺术化地表现出来。”① 因此，儿童的艺术潜能不容忽视。

对幼儿来讲，美术创作就是借助美术手段，用线条、图形和色彩等将自己头脑中的经验、印象和情感转化为美术形象，以表现自己的所见、所闻、所思、所想。幼儿在获取与运用点、线、面、体、色彩等美术知识与技能时，出于兴趣、能力、审美经验、年龄等方面的原因，他们在美术创作过程中的表现与最终作品的呈现会存在差异。而且，美术创作是一个形式感的客观性与人的主观感受所产生的综合效应过程，这就决定了艺术创作过程与艺术作品的多样性特征。

教育者要引导幼儿的美术活动经历由感知、探索、思考到创作作品的整个过程，运用的教育手段和提供的教育环境要能够诱导幼儿进入创作的过程。这就要求教师做到以下几点：一是要为孩子创造一个宽松的心理环境，激发起幼儿创造的意识和动机，如信任幼儿，减少不必要的规定，让幼儿进行不受评价干扰的自由创作活动等；二是要丰富幼儿的经验，引导幼儿对内在表象进行加工改造，如带领幼儿外出参观以获得立体经验，多给幼儿欣赏优秀的图书和艺术作品使其获得丰富的平面经验等；三是正确认识创造力与技能的关系，要认识到技能与创造性的发展不矛盾，技能为创造力的发挥提供了技术基础和手段，只要不为技术而技术，不过分强调技能技巧的训练，那么在关注幼儿情感体验与态度倾向、强调幼儿的创造意识与能力的同时，适时恰当地帮助幼儿提高艺术表现的技能技巧是很有必要的；四是要正确认识和使用示范和案例。

① 布约克沃尔德. 本能的缪斯. 上海：上海人民出版社，1997：23.

因此，要重视幼儿有个性的想法和提问，肯定幼儿想法的价值，不要用成人固定的思维方式限制幼儿的思维，敏锐地捕捉其创造性思维中的闪光点。在这种宽松的心理氛围中，幼儿能够消除胆怯和依赖的心理，积极主动地参与美术活动，积极探索和思考，发挥出创造的潜能。《纲要》指出："幼儿的创作过程和作品是他们表达自己的认识和情感的重要方式，应支持幼儿富有个性和创造性的表达，克服过分强调技能技巧和标准化要求的偏向。"因此，我们的美术活动要以幼儿的创造意识、创造能力和创造个性的养成为中心任务。

五、个性化原则

个性化原则是指在美术活动中，教师根据每个幼儿发展的个性特点选择适当的学习内容和方式，尊重幼儿与众不同的想法和表现，促进幼儿个性的健康发展。

幼儿美术教学活动应将幼儿的整体发展放在至高无上的位置，要体现对幼儿主体地位的尊重，同时承认幼儿的个体差异。在幼儿美术学习和美术创作上，幼儿的个体差异性不仅反映在学习方法上，而且反映在他们的学习效果上。美术个性化培养最重要的是"真"，即体现本能和个性。幼儿美术作品是他们纯真无瑕思想的自然流露，虽然稚嫩、简单，但表现出的大胆的想象力、真诚，是我们成人所无法做到的。

幼儿本身就具备独特的个性，而教师所做的只是把他们身上的创造力尽可能地激发出来。幼儿美术教学活动应站在培养、塑造、完善人格的高度去实施，而个性化培养对人格的形成、发展、完善会起到积极的作用。教师不要一味地给幼儿灌输如何掌握各种美术技术技巧。美术教育的目的不是单纯地培养一个个小画家，而是要让幼儿从中感受美、发现美、创造美，而教师要做的是提供一个自由轻松的空间，让幼儿充分地发挥自己的创造力，并在幼儿在学习过程中出现困难时鼓励、启发和引导他们，让他们的个性得到充分的发挥。

个性化原则要求改变传统美术教学过程中大多数时间不是听教师讲，就是师生一问一答、被动式的"听"讲的局面，教师要为幼儿积极参与美术表现活动提供广泛的可能。幼儿作为美术活动的主体，学习与表现应该成为他们自觉自愿的行为。幼儿在美术活动中的状态，包括他们的学习方法和思维方式、合作能力与质量、学习与表现的兴趣、积极性、创造性、注意力、发表的观点、提出的问题与争论乃至错误的回答等等，无论是以言语，还是以情绪、行为等方式进行表达，教师都应把其看成是促成幼儿发展的有效的生成性资源。教师要研究幼儿的美术表达，倾听幼儿对作品的解释，发现幼儿在美术表达过程中遇到的困难以及个体的发展变化等等。

而且美术教学活动应该采取多样化的活动形式、方法和评价手段。教师除了给幼儿提供充足的工具材料之外，组织形式也可以别出心裁，除了让幼儿以个人、小组、全班等为单位开展美术活动外，教师还可以组织幼儿到大自然中去写生，在写生的过程中可以增强幼儿对周围事物的观察力、理解力，丰富其感性经验。多样化的评价也可以促进幼儿个性的和谐发展，对幼儿产生激励作用。评价并非总是具有积极的意义，只有促进幼儿健康发展、正确适当的评价才是最有价值的，否则评价的效果只可能是差强人意，甚至是适得其反。美术教学活动与其他教学活动相比，最突出的特征是它的表现性、多样性和个性化。因此，教师要采取多样化的评价方法，尊重幼儿的个性想法、个性表现，这样才能够促使幼儿产生创造力和探索的欲望。

第二节　幼儿美术教学活动组织存在的问题

一、对美术教育的目的认识不清，强调模仿和再现

丰子恺在《丰子恺美术夜谭》这本书的开篇中便对艺术教育、美术教育的内涵发表了自己的看法：

> 艺术不是职业，画家不是职业。
> 艺术不是技巧的事业，而是心灵的事业；
> 故画不是商品，不是实用品。
> 故练画不是练手腕，是练心灵的；
> 看画不是用眼看的，是用心灵看的。

“在艺术活动中，儿童既有通过探索获得知识的需要，又有通过练习获得技能的需要；既有通过模仿他人并与他人产生情感共鸣的需要，又有通过创造展现个性的需要。”① 所以，幼儿美术教育是集审美教育、情感教育、创造教育、艺术素质教育于一身的综合教育活动，而发展幼儿创造性的审美表现力是美术教育最基本的价值。

在幼儿美术活动中经常出现这样的教学方法：教师先让幼儿静静地看自己一笔一画地进行创作并讲授绘画步骤，讲授完毕后，让幼儿临摹。结果幼儿画出来的画几乎成为教师绘画作品的再现。而画得“像不像”就是老师评价幼儿绘画能力好坏的标准。在这样的过程中，教师不是引导幼儿的思维，让幼儿在掌握绘画技能技巧的同时对画面内容和构图进行创新，而是从概念出发，用抽象的说教代替生动的艺术形象塑造；不是从丰富多彩的实际生活出发，根据典型化的原则创造出一般与特殊、共性与个性相统一的艺术形象，而是用干瘪的形象图解概念。

幼儿美术教育是幼儿教育的重要组成部分，是实现幼儿教育目的的手段，所以幼儿美

① 许卓娅．艺术教育是幼儿全面发展教育的重要组成部分．幼儿教育，2001（11）：4.

术教育不是为传授美术技能、技巧而进行的教育，也不是为培养艺术精英而进行的教育。它将所有儿童都纳入教育对象的范围，旨在培养全面协调、均衡发展的人①。具体而言，在幼儿美术教育活动中，应重视幼儿美感和初步审美能力的培养，摒弃过分重视美术学科知识技术的观念；重视幼儿在美术活动中的内心体验与情感表达，摒弃过分强调教育目的的观念；重视美术教学过程中幼儿艺术素养的积淀，摒弃过分强调对幼儿作品进行评价的观念。只有这样，才能有效地改变我们旧有的对美术教育的认识，改变目前幼儿园美术教育缺乏素养教育的现状，从而使美术教育成为培养幼儿创造性思维、提升幼儿艺术素养、塑造幼儿完满人格的真正的素质教育，为幼儿今后的艺术思维与创作能力的可持续发展奠定坚实的基础。

二、追求技能技巧的提高，忽视创造性的发挥

“老师，我不会!”“老师接着怎么画?”为什么离开了成人的示范孩子们会急切地请求帮助，等着成人告诉他下一步该如何进行。很多教师强调技能的重要性，认为对于幼儿必须先教技能、技巧，因为幼儿想得很好，但能表现出来的很少，所以从某一侧面可以看出这种过分强调技能的现象是教师片面追求绘画成果的反映。

由于能力的局限，幼儿不可能掌握过高的美术知识和技能，所以不能要求幼儿的作品惟妙惟肖，同时由于幼儿在心理上喜欢把自己喜爱的或认为重要的东西进行夸大。如图 6－1 所示在医院里打吊瓶的经历让小作者印象深刻，他用油画棒把当时害怕到流泪的神态表现得淋漓尽致。画面采用平置的构图形式，人物按照大小建立穿插关系，取消了近大远小的透视空间，这正是这个年龄段的幼儿所特有的表现方式。如果我们对幼儿的表现技能要求过高，要求按比例画得像，就会使幼儿不敢大胆地创作，束缚幼儿的想象力和创造力。

因此，在美术教育活动中，教师首先要明确创造力与技能的关系。幼儿的创造力是指创造出对个人来说是全新的、前所未有的想法或产品的能力。技能是根据所确定的目的，利用已有的经验来选择和实现动作的方法。技能为创造力的发挥提供了技巧和手段，反之，创造力的发挥又促进了对技能的掌握。对于幼儿的作品，应“主求其意，不严求其形”，对幼儿作品的评价，“画什么”比“怎样画”更重要。教师必须牢固树立这个观点，才能更好地处理传授知识技能与发展创造力的关系。

《纲要》中提出，“应支持幼儿富有个性和创造性的表达，克服过分强调技能技巧和标准化要求的偏向”，“教师的作用应主要在于激发幼儿感受美、表现美的情趣，丰富他们的审美经验，使之体验自由表达和创造的快乐。在此基础上，根据幼儿发展状况和需要，对

① 丰子恺．丰子恺美术夜谭．上海：上海人民美术出版社，2004：33.

图 6-1　打吊瓶

表现方式和技能技巧给予适时、适当的指导”。在美术教学活动过程中，教师不能有“我不把技能教给他，他就不会表达”的思想，在技能的指导中要给幼儿自己的空间，以指导幼儿乐意观察、尝试为主。教师要领会如何给幼儿创造的空间、如何引导幼儿探索自己喜欢的表达方式等美术教育教学的重点、难点。教师要正确对待美术技能的学习，注意引导性和启发性，实现创造力与技能的有效结合。教师要在充分探索的情况下，为幼儿提供适当多样化的示范和案例，允许幼儿尽量自由而完全的探索，通过仔细的指导和设立难题，协助幼儿获取把握特质、创作出满意效果的美术作品的创造机会，在幼儿有了相应的能力和目标之后，再让他去接触一些作品，鼓励幼儿研究和模仿。只有当幼儿有了大量探索和尝试的机会后，才应让他去大量接触范例，不能为了习得技能而让幼儿早早地模仿，这样只会让幼儿关注技能，形成对范画的依赖，从而使创造力受到阻碍。在幼儿美术活动中，什么时候传授技能技巧最为有效，什么方法最合适，需进一步思考并在实践中摸索。

三、教学活动过程中幼儿自由表达和艺术体验的缺失

当前我国的幼儿艺术教育实践，有诸多背离艺术教育规律的现象，而艺术体验的缺失就是其中一个普遍存在的问题。体验主要是指人们通过亲身实践来了解事物，并在亲历的过程中产生某种情感反应。但“体验”一词在艺术活动中的内涵又有其特殊之处。体验是人们亲历艺术实践所获得的一种与生命活动息息相关的、深层次的内心感受。但是现在有很多的教师在进行美术教学活动时，存在着一些背离艺术教育规律的做法，比如限制幼儿的艺术创造性，在活动中使幼儿处于被动地位，没有使其主动参与，没有利用真实事物来加强幼儿对事物的造型与色彩的感受，也没有利用幼儿对真实事物的美好回忆来创作，更没有向幼儿展示同一题材相关的中外艺术大师的作品，这样就使幼儿失去了得到

某种启发、调动艺术创作欲望的机会。这些反映了幼儿园美术教学实践中艺术体验的普遍缺失。

对幼儿来说，美术活动不仅是同吃饭、睡觉一样的本真的生命活动，还是他们感性地把握世界的一种方式。美术活动是幼儿进行情感表达和交流的工具，在幼儿的情感满足中扮演着十分重要的角色。《纲要》中反复指出，艺术是幼儿“表达自己的认知和情感的重要方式”，要使幼儿大胆自由地、创造性地表达自己的情感、理解和想象，就要“避免仅仅重视表现技能或艺术活动的结果、忽视幼儿在活动过程中的情感体验和态度的倾向”。美术活动作为艺术活动之一，当然也不例外。美术活动的宗旨就是培养幼儿对美术活动的兴趣和热爱，让幼儿体验到美术活动的乐趣，使幼儿自主自愿地参与美术活动。因而教师更应关注的是“体验乐趣”“自由表达”“积极投入”等字眼，关注这些就意味着要“尊重幼儿的个人意志，给幼儿选择表达内容和方式的自由”，让幼儿充分发挥自己的想象力和创造力，要多给幼儿提供宽松的、提升心理安全感的创作环境，要尊重幼儿间的个别差异，不用统一的模式限制与束缚幼儿，多做纵向比较，少做横向比较。

老师们往往把技能的传授和掌握作为美术教育活动的重点。而忽略对审美情感、能力的培养，对美术形式的审美特征，如对称、均衡、节奏、速度、韵律以及美术作品的整体美感不够重视。美术教育是关于审美感受和审美能力的教育，技能的学习只是一种媒介，通过它们来获得美的感受，体验美的情怀，进入美的境界，孕育美的精神。

四、缺乏“主题”背景和经验，美术教学活动孤立地开展

在幼儿美术绘画活动中，经常看到的一幕是：教师拿着一叠白纸说：“今天我们来画……请小朋友们先看老师画，然后按着老师的样子画下来。”具体画什么内容，用什么材料作画，都由老师指定。这种孤立的美术教学活动脱离了主题背景，脱离了幼儿实际的生活经验，忽视了幼儿内在的需求和兴趣，不能引起幼儿的兴趣，同时也不利于幼儿经验的整合。

比如，孩子们秋游后，对秋天充满了好奇和兴趣，回来后老师就特别留意孩子间的谈论话题。“你知道那个红红的、像金鱼尾巴的树叶叫什么吗?”“为什么现在的树叶是五颜六色的?”“为什么有的树要落叶，而有的树不落呢?”……孩子们讨论的问题，使老师意识到选择“秋天”作为主题的价值所在，因为这是孩子自己生成的活动，来源于孩子本身的兴趣，是孩子们喜爱的活动。据此，教师设计了“神秘的大自然”的主题网络，并形成了一个框架。网络中的内容首先是秋天的花、落叶，大自然中的动物等，这些内容符合孩子的兴趣和需要，让孩子自主选择内容，并通过分组讨论不断积累有关“秋天”和“大自然”的知识、经验，在老师、同伴的帮助下自主地开展活动。又如，在幼儿认识落叶的基

础上，产生了用落叶拼贴图画、用落叶拓印的愿望，此时老师就设计了美工活动“树叶拼贴画”，随时调整网络结构，满足孩子的需求，把孩子急于想知道或解决的问题及时地引入活动，使幼儿的经验受到真正的重视。所以，只有孩子在做有兴趣的事情时，才会有疑问，孩子自主发现问题、提出问题，主动探索问题答案的能力才会不断拓展下去。这类美术教育活动的目标通常既有知识、技能方面的，也有态度、习惯、价值观方面的；既有幼儿一般能力发展方面的，也有美术学科发展方面的。活动目标和活动内容可以由老师确定，有时也可以由幼儿根据自己的经验和需求来发起。

主题背景下的美术活动是综合性的美术活动，这是近年来我国幼儿园，特别是城市幼儿园倾向于选择使用的一种方式。主题背景下的美术活动以主题为线索，以幼儿为中心，以经验为基础，以美术为手段来培养情感丰富、乐于探究、敢于创造、个性健康的人，为幼儿的终身发展奠定基础。这种活动，打破了学科界限，强调课程的综合化，而这种综合不仅是形式上的综合，更是幼儿各种经验的综合，从而使幼儿的整体素质得以发展。它打破了严密的美术学科知识体系与其他学科的界限，着眼于幼儿美术素质的提高和幼儿人格的全面发展；超越了教材、幼儿园的局限，在活动范围上向自然环境、幼儿的生活领域和社会活动领域延伸，密切幼儿与自然、社会、生活的联系，在美术活动的目标、内容等方面均呈现出开放性。在活动实施中，强调引导幼儿乐于探究、勤于动手的行为，要求幼儿超越单一的接受学习，亲身体验实践活动。在活动过程中，幼儿将体验自主学习、探究学习、合作学习、发展终身学习的愿望和能力，培养美术创造的能力。主题背景下的美术活动为幼儿构建了一种开放的美术学习环境，为获取美术知识和美术技能提供了多种渠道，同时对广大的教师提出了较高的要求。这类活动的可变性和不确定性增加，可操作性却相应降低。这就需要教师不仅能够把握活动设计者的意图，具有基本的按照活动方案进行教育教学的能力，还要具有较高的教学智慧，能够关注幼儿在活动过程中的反应，对幼儿的经验和需要有所回应，能够对预定的活动内容和进程进行适时的调整，甚至能够根据需要设计和生成新的活动。

五、教学形式、教学方法单一化

近年来美术教学在内容的多样性方面有很大的改进，但在组织形式上变化较少，多是以集体活动为主。教学方法也比较单一化，仍在运用灌输法，总是以教师传授为主，幼儿通过模仿练习逐渐习得技能。在这种状态下，孩子的学习是被动的，是否掌握所教的技能是学习的唯一目的。罗杰斯的学习理论强调对学习方法的学习和掌握，认为最有用的学习是掌握好的学习方法。鉴于对这一理论的认识，我们应当变孩子的被动接受为主动获取，变重学习的结果为重学习的过程，使技能学习也成为孩子探索学习的过程。教师要创设机会，提供条件，让孩子在与周围环境，包括材料、同伴、教师等的互动中，逐步建构起关于表现技能的知识。

有一些教师将游戏活动和幼儿美术教学相整合，但是存在形式化的现象，游戏成为一种摆设，游戏的运用只是为了调节气氛，不能和教学的目标、幼儿的有效学习融合，不能很好地为美术教学服务，极容易导致时间的浪费和目标的丧失。而且在游戏过程中，教师过于求全、急于求成，希望每一个孩子玩游戏时都能达到某一目标和水平，从而忽略了幼儿的创造性、自主性。

幼儿园美术教学活动中，多种形式的教学方法能丰富幼儿的美感体验。同时，通过综合多种艺术形式获取美感体验。说、唱、舞蹈、绘画、欣赏等艺术活动都是有机地融为一体的，各种艺术形式的自然融合是艺术学习的最佳环境，它能使艺术学习变得更为自然、更为容易、更为活泼多样。教师应努力营造文学、音乐、美术教育相互支持和相互补充的艺术学习环境。比如，在“高高兴兴”主题活动中，美术活动“快乐的小鸟”通过聆听一段节奏欢快的乐曲，以及观看各种小鸟嬉戏、吃食的肢体动作，拓展幼儿对小鸟在空中自由飞翔的想象空间，感受小鸟们欢快喜悦的心情。在了解了关于小鸟的相关常识后，我们再来进行美术活动，孩子们才能在创作中呈现小鸟的多姿多彩。

另外，可以利用现代化手段，丰富幼儿对美的体验。多媒体手段的不断介入，使孩子有更多的机会开阔视野，同样使教学的形式呈现得丰富多彩。例如，在美术活动“仙人掌”中，一段有趣立体的动画，代替了传统美术活动中平面化的、缺乏想象空间、缺乏开放性的范例的作用。又如，在美术活动“有趣的车”中，从网络上可以下载许多创意车辆的图片。这会对孩子脑海中形成的车辆的模式产生强烈冲击，在新的创作中，幼儿会大胆地打破对车的固有认知，为幼儿尽情地创作做好铺垫。

第三节　幼儿美术教学活动组织策略

幼儿园教学活动组织策略是教师为促进幼儿发展，在与幼儿互动的过程中所采取的一系列特定的指导方式、方法，是教学活动科学性与艺术性的统一。教学活动组织策略要求教师根据具体活动情境和幼儿的需求及时调整具体方法，是教师教育智慧的外在体现，既有教育智慧的方面，也有教育常规操作的方面。

一、教学的策略

教师在教学活动中所采用的方法和策略是直接影响活动质量和幼儿发展的重要因素，因此，对教学活动实施组织与指导的方法策略也就成为衡量教师教学能力的重要指标之一。这里讨论的是教师在美术活动组织指导过程中实施的一般性策略。

(一) 提问

在教师组织美术教学活动的过程中，提问是教师运用语言与幼儿进行互动的一项最基本也是最常见的教学方法和策略。提问这一策略的目的主要表现在：(1) 帮助幼儿提取已有经验，进行迁移性学习；(2) 引导幼儿进行观察、想象、思考和创造；(3) 了解幼儿对活动材料或认识对象的态度与情感等。在不同的教育情境中，教师的提问策略是灵活多变的，有时提出的问题是前置式的，有时是后置式的；有时是设问，有时是反问。同时教师应根据幼儿的实际情况，灵活调整问题，多引出启发式、发散式的问题，在层层深入式的问题情境中将幼儿的学习活动不断深化。

教师的启发式问题通常出现在以下情境中：当幼儿对某些现象或材料发生兴趣，而这种兴趣对于幼儿的发展极有价值时，教师可以通过启发性问题将幼儿引入活动或探究的主题。例如，孩子们对摆放在教室里的泥塑作品议论纷纷："这个人这么胖，他肯定很喜欢吃肥肉！""她是女的，你看她的头发这么长。""这个是老爷爷，他头上的头发都掉光了。""那他也许是和尚吧？""老和尚。""这个是小孩，他最小。""是他孙子。""咦，这个人怎么没手？""是残疾人吧？"……看到孩子们对泥塑造型产生了浓厚兴趣，教师及时地向全体幼儿提出启发性的问题："你怎么知道她是女的？他是老人？为什么说他是残疾人？"再根据孩子的话题和兴奋点，引导孩子主动地学习。当然，当孩子的自主学习或探究遇到困难时，也可通过启发性问题引发幼儿的进一步创作。

当幼儿在自己的努力下完成作品时，教师可以通过发散式的提问，引导幼儿对自己的创作进行表达。比如我们可以经常听到教师这样问学生以下启发性问题："你在做什么？""你想用它来做什么东西？""他长什么样子？你能给大家介绍一下吗？""你来介绍下你的作品好吗？""除了××刚才介绍的，你们还有其他不一样的想法吗？"……

在组织美术教学活动时，教师提问策略的一个重要方面就是提出层叠式问题，即在层层深入式的问题链中，不断推动幼儿的探索和思考活动，引导幼儿自主解决问题。譬如，在做泥塑活动中，幼儿有了自己想要表现的对象后，马上投入活动，有一个孩子随即就遇到困难："妈妈的裙子怎么做？"教师提问："妈妈的裙子是怎样的裙子？"——"有多长？"——"假如现在你是裁缝师，要给妈妈做一条裙子，你需要什么？"——"这块布我们用泥怎么做？"层层推进的问题为幼儿提供了一个深入探究与讨论的有效平台。

(二) 回应

教师作为教学活动中的一个有目的、有意识的教育者，其指导的一个重要策略是捕捉恰当的教育契机并对幼儿的问题做出积极的回应。所谓回应，是指教师在与幼儿的"对话"与互动中的一种作为教育者的态度和策略，是教师敏锐地意识到幼儿的需要并及时给予的引导和帮助的教学方法。教师的回应方法直接影响幼儿的学习热情和探索欲望，也是教师专业素养的体现。面对幼儿强烈的求知欲和探索热情，教师要根据不同的活动形式、根据幼儿的不同发展水平随时调整自己的教育策略，不急于指导或释疑，不做简单判断对错的“法官”，而应通过有效的回应引发幼儿更多的思考和讨论，激发进一步的兴趣。在不同的教育活动情境中，教师的回应策略也有着不同的具体表现：

（1）重复。教师在组织美术教学活动时，重复幼儿的回答并不少见，但重复并不是一种简单意义上的语义重述，而是教师教育智慧和策略的表现。教师通过重复个别幼儿的问题或回答向全体幼儿反馈有价值的信息，通过语义上的强调和提醒，帮助幼儿在分享中获得他人的经验。例如绘画活动“各种各样的花瓶”，通过欣赏普通的花瓶和多张花瓶图片，幼儿立竿见影地掌握了花瓶的基本结构。教师可以转述幼儿的问题或答案：“××，你发现花瓶都是由瓶口、瓶颈、瓶腹、瓶底组成的吗？”“他发现花瓶的瓶底比花瓶的瓶口要圆，它们是不一样的吗？”另外，教师通过重复幼儿的话语，婉转地表达对幼儿的提醒与暗示，启发幼儿对自己的话语做出调整。如在小班纸工活动“彩色的银柳”中，丁丁问：“老师，怎么才能将皱纸纸条变成银柳上的小花球呢？”老师有意发问：怎样才能把纸条变成小花球呢？”教师提出问题后给了幼儿尝试探索的机会，有的小朋友说“我是用手指捏捏捏，捏出来的”，有的小朋友说“我是用团圆的方法做出小球的”，有的小朋友说“我是先搓一搓，再捏一捏做出小球的”。恰到好处地把问题抛给幼儿，以探询的口气、重复的语言对幼儿的回答做出回应，不仅培养了幼儿的探索精神，而且提高了幼儿参与美术活动的积极性。

（2）反问。教师在运用回应策略时，还可以在活动指导中有意识地创设问题情境，引发幼儿主动发问，而教师则可以通过“反问”，将幼儿在一定情境中的问题再抛给幼儿，虽然表面上是将问题悬置起来，实质上则是通过一种师幼平等的交流氛围促成了幼儿的认知冲突，使幼儿能改变原有的认知，重新建构知识与概念。例如，大班综合绘画活动“毕业照”，通过谈话和讨论的方式引导幼儿观察班级每位幼儿，教师提问：“你认为漂亮的毕业照是怎么样的？”“怎样才能画出你好朋友的特点？”教师可以通过反问引起幼儿的再思考，促使幼儿逐步领悟知识。

（3）提炼。在幼儿园的美术教育活动中，无论是以幼儿个别学习为主的活动还是以全体幼儿参与为主的集体活动，幼儿的学习和探究总是需要教师的指导、归纳和提升。对于幼儿来说，新的经验和概念的获得离不开对环境材料的感知和体验，也离不开教师的归纳和提炼。因此，教师在对幼儿做出积极回应时，归纳提炼式的回应是至关重要的，它能够使幼儿在感性体验的基础上将零碎的感受和体验拼接为系统的知识和概念，引导幼儿在同化和顺应的基础上使其原有的认知结构得到重组。例如，在三组幼儿分别使用蜡笔、彩铅、水粉描绘元宵节放烟花的情景的活动中，教师为帮助幼儿了解不同绘画材料的表达效果，需要进行讲解和示范，展示材料的效果、特性。

（三）多维示范

示范是幼儿美术创作教学的一种重要教学方法。如何提高示范教学的实效性、怎样使示范教学更接近幼儿美术学习的实际与需要等问题，促使我们开展美术教学方法的研究工作。幼儿美术学习往往是通过简单的模仿，在模仿的过程中内化，在模仿、观察与体验基础上自我创造等几种途径展开。所以，教师设计的范型与运用范型引导幼儿学习美术表现的知识与技能就显得非常重要。

多维示范是指在幼儿美术创作教学中，教师需要多维度地提供示范，为幼儿提供多维度的范例刺激，以促进幼儿美术创作基本能力的发展。多维示范包含了示范方法的多维与范例的多维两个方面。

示范方法一般可包括原形示范、正反例示范、发散性示范、变化示例数量与示范恰当的行为五个方面。原形示范一般指在美术教育活动中提供原形的整体或者局部示范及技术性示范，在实践中的价值是帮助幼儿学习规整的图形画法及形状感知；正反例示范包括正例示范、反例示范和正反例比较示范，具体是指在引导幼儿学习物象表现或者美术创作基础技术时，通过对正确、合理的示范与不正确、不合理示范进行比较，帮助幼儿获得关于美术创作的直观印象；发散性示范重在教会幼儿发散思维的方法，促进幼儿在美术创作中创造性的行为或者作品的生成，“举一反三”是发散性示范的根本原则；变化示例数量是指教师在展开示范教学过程时，提供范例的数量要依据幼儿学习的需要和能力有所变化，一般而言，范例数量应该控制在 3～5 幅（个）为宜；示范恰当的行为指在幼儿美术创作教学过程中，不能只关注幼儿美术作品的产生，还应关注美术创作过程中的恰当行为习惯与规范的形成。

美术教学中的范例是幼儿感知审美经验、领悟教师美术教学意图的主要媒介。完整型范例、基本型范例、部分型范例是范例设计的三个不同层次。完整型范例往往指一个完整的作品，它的作用在于给予幼儿对物象的整体知觉与感受；基本型范例一般指描绘物象的基本轮廓与部分细节或者一幅画的基本构图（立体造型的基本形态），这种范例可以帮助幼儿感知造型与构图的基本原则，对幼儿把握物象造型或者构图的整体性很有帮助的；部分型范例是指提供物象的必要部分，如人物画教学中，教师重点示范人物四肢动态变化而对脸部、身体以及其他细节进行弱化处理，这种范例往往在幼儿能力提高阶段运用，既提高教学效率，又能为幼儿表现留有空间。范例是需要精心设计与运用的，不同发展阶段或者不同生活、学习经历的幼儿对范例的需要会有很大的差异，教师需要根据自己的教学思维以及对幼儿的认识做出必要的判断，设计合适的美术教学范例。

二、组织策略

幼儿园教学活动组织策略是教师为促进幼儿发展，在与幼儿互动过程中所采取的一系列特定的指导方式、方法，是教学活动科学性与艺术性的统一。教学活动组织策略要求教师根据具体活动情境和幼儿的需要及时调整具体方法，既是教师教育智慧的外在表现，也涉及教育常规操作的方面。

一般来说，幼儿园美术教学活动可以通过幼儿园课程中与美术直接有关的学科或领域（如美术、艺术等）进行，也可以通过课程设置中的其他各学科或领域（如语言、健康、社会、音乐、科学、品德教育等）进行①。一般可以把当前幼儿园美术教学活动划分为单独科目的美术教学活动、主题活动中的美术教学活动、方案活动中的美术教学活动。

单独科目的美术教学活动是一种比较传统的课程组织方式。单独科目的系列美术教学活动的目标设定，往往是将美术学科的目标层层分解而成，在确定了每一个美术教学活动目标之后，选择有助于实现目标的相应活动内容，并在注意保持活动的趣味性和对幼儿的吸引力的基础上，设计好一定的活动程序。由于活动目标比较明确和具体，活动内容和步骤也是事先确定好了的，教师在活动实施过程中，只需按照既定的活动目标、内容和步骤进行操作即可。这种类型的美术教学活动，教师操作起来比较方便，是幼儿教师，特别是新教师使用比较多的一类美术教学活动。

主题活动中的美术教学活动是一种混合取向的美术教学活动，也是一种幼儿园综合课程框架下的美术教学活动。它以幼儿的生活、经验、兴趣、需要为课程设计的主要依据，同时力求兼顾美术学科的特点和内在要求。以主题活动的方式开展幼儿园美术教学活动，这是近年来我国幼儿园倾向使用的一种方式。它既能够反映和落实幼儿教育的一些基本要求，为幼儿提供一些必要的知识和技能，也能够在一定程度上兼顾幼儿的兴趣与需要，使幼儿在活动中有一定的自主发展空间。但是，主题活动中的美术教学对教师提出了较高的要求，需要较高的教学智慧。

方案活动中的美术教学活动是一种幼儿兴趣和发展取向的美术教学活动，也是一种幼儿园综合课程框架下的美术教学活动。方案活动中的美术教学活动与主题活动的设计过程相类似，也是“先内容、后目标”的。

虽然在不同背景下，幼儿美术教学活动的各种课程组织形式上会存在差异，但具体到教学实践中的美术教学的活动组织形式还是有一些共性。关于教学活动的组织形式设计，从不同的视角出发就会产生不同的设计思路。

根据幼儿园美术教学的实际与幼儿美术教学价值取向要求，同时参照目前教学设计中教学活动组织形式的研究成果，确定以下几种幼儿美术教学活动的组织形式：

1．讲解—演示的形式（见图 6-2 右上）

这是一种教师通过说明、解释、示范达到教学目的的形式。它能较快地将美术教学中的知识、技能、任务等传递给幼儿。但这是单向的美术教学形式，幼儿不能及时有效地向教师反馈信息。这类教学组织形式一般用于美术知识和技能的传授以及交代任务阶段，在

---

① 朱家雄．幼儿园课程．上海：华东师范大学出版社，2003.

具体组织实施时，教师要学会关注幼儿的表现，给予一定的等待时间，以便及时地发现信息并做出反馈。

在讲解演示环节，教师的主要讲解语言有如下三种："我现在画（做）的是某个部分。""我现在画（做）的是什么?""我现在应该画（做）什么?"在具体的教学情境中，教师可以灵活选用不同的讲解形式，但一般来说，以问题引导的形式将有助于教师与幼儿在学习某项技能时建立有效的对话关系。

2. 提问—讨论的形式（见图 6－2 左上）

这是一种结合一定主题，教师通过提问，引发幼儿讨论，以问题的形式组织幼儿美术教学活动的形式。它要求教师要熟悉主题内涵，能及时对幼儿的反应做出反馈或做出进一步说明，它以帮助幼儿明确美术表现内容为主要目的。用这种方式组织美术教学活动时，要求教师面对的幼儿人数要少，否则很难顾及每一个幼儿的个体差异。如果能与分组教学（将一个班级分为两个大组，由不同教师带班，并交叉组织活动的一种教学形式）相结合，在这种形式组织的活动中，以自主表现为主的美术教学活动是比较理想的。它的一个优点就是互动比较充分，能考虑到个体差异与需求。

在运用这种形式组织幼儿美术教学活动时要考虑到幼儿年龄与能力水平的差异。一般在小班以提问为主，根据年龄增长与能力水平提高，逐渐将提问与讨论结合起来组织活动。

3. 小组形式（见图 6－2 下）

这是一种在美术教学时，教师将班级的幼儿分成若干个小组，引导小组成员之间就某一主题进行交流，分享信息，以达到美术表现目的的活动形式。

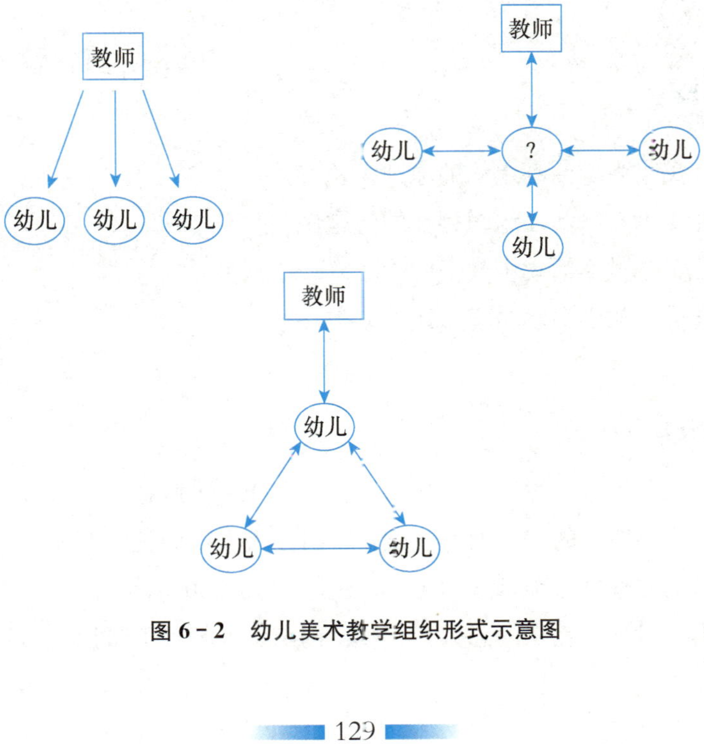

图 6－2　幼儿美术教学组织形式示意图

合作学习小组是对小组形式的一种发展，合作小组一般由两名或两名以上幼儿组成。最初可以允许幼儿根据友谊倾向自由形成小组。教师一般可以建议能力有差异的幼儿组成合作小组，通过确定任务，展开同组分工、异组同质讨论和同组异质讨论与操作。同组分工意指一个合作小组成员根据创作任务进行的分工；异组同质讨论指不同合作小组承担相同或相近创作任务的幼儿之间的讨论；同组异质讨论与操作，是指教师或各组间对美术作品及活动状况评议并进行必要表扬或奖励。这种形式可以帮助幼儿形成“人人为我，我为人人”的意识，追求幼儿美术表现的平等、民主，强调有效的情感交流学习结构，主张课堂教学由竞争性结构向合作性结构转变，由教师控制向幼儿自我控制转变。

除了上述三种幼儿美术教学组织形式以外，实践中用得比较多的形式主要还有集体教学、分组教学、个别教学等。教师在组织美术教学活动时要充分考虑幼儿美术教学内容、目标、时机、过程、幼儿年龄特征以及可能制约活动的条件如空间、材料等，灵活安排和设计幼儿美术教学组织形式，将多种教学形式在某个具体的美术教学活动中进行最优化组合。

本章小结

通过对当前幼儿美术教学活动组织存在的问题的分析和梳理，提出幼儿美术教学活动组织的原则，明确美术教学活动组织策略就是要求教师根据具体活动情境和幼儿的需求及时调整教学方法。美术教学活动的展开，是教师智慧和教育智慧的外在表现，教师应在解决当前普遍存在的一些问题的同时，在符合基本原则的基础上，根据自己的经验和智慧，让教学活动的组织在内容和形式上更加丰富多彩。

思考练习题

1. 简述幼儿美术教学活动组织的原则。
2. 简述幼儿美术教学活动组织存在的问题。
3. 简述幼儿美术教学活动中教学的策略。
4. 简述幼儿美术教学活动组织形式的分类。

推荐阅读书目

1. 艾德华．像艺术家一样思考．哈尔滨：北方文艺出版社，2006.
2. 王月娟．回归童心的美术教育．杭州：浙江大学出版社，2008.
3. 俞春晓．幼儿教师必须修炼的 10 项技能．北京：中国轻工业出版社，2014.
4. 阿恩海姆．对美术教学的意见．长沙：湖南美术教育出版社，1993.

第七章

幼儿美工区域活动设计与组织

本章摘要

本章讲述幼儿美工区域活动的基本含义、幼儿美工区域活动的基本流程与特征，还将结合一些案例，介绍幼儿美工区域活动设计与组织的一些基本技巧。通过本章的学习，了解美工区域作为幼儿园自主性美工活动的一种创新形式所存在的意义，对于理解与落实整体的幼儿美术教育观大有裨益。

完整的幼儿美术教育活动应该包括美术教学活动与美工区域活动。幼儿美工区域活动是依托美工工具、材料构建的美工工作空间，强调幼儿自主管理、自主学习、自主创作能力，是促进幼儿学习品质、社会性、情感、认知等方面综合性发展的平台。它是美工教学活动的必要补充，是幼儿园自主性美工活动的一种常见形式。

第一节　幼儿美工区域活动基本流程

美工区域活动是一个能够促成幼儿全面发展的平台。挖掘美工区域活动中可能存在的促进幼儿发展的机会是教师组织幼儿开展美工区域活动的核心任务。常见的适合幼儿参与的美工区域活动流程一般包括材料采集、材料加工、图纸设计、作品制作、作品处置与环境管理等，流程中的各个构成环节之间有相对固定的先后顺序。但环境管理环节可以伴随着其他环节适时展开，它的发生有一定的随机性、灵活性。

一、材料采集

材料采集是美工区域活动的开始环节，但它不是每一次美工区域活动中必须出现的环节。材料采集是在有需要时才发生的活动环节。如果材料的存储能满足美工区域活动的开展，可以直接进入下一环节的工作。当活动材料不足时，材料采集应该及时展开。

材料采集需要注意以下几点：其一，材料采集应以幼儿采集为主，教师采集为辅；其二，材料采集可以分为家庭采集与幼儿园内部采集；其三，在幼儿园有集中堆放空间的情况下，家庭采集可以成为常态化的采集方式；其四，幼儿园内部采集可以涉及教师办公室与各个年龄段的班级活动室，各类废旧材料的采集可由幼儿组成团队轮流完成；其五，材料采集的时间可以随机安排。

材料采集是幼儿参与美工区域管理的重要环节。材料采集的过程中，幼儿可以学习与人（包括家长、教师、幼儿、幼儿园内的陌生员工等）沟通的方式与技巧，可以了解、分辨材料的特征，还可以得到培养责任心的机会。

二、材料加工

材料加工环节是指在创作作品之前的材料准备环节。这个环节也不是所有类型的美工区域活动都需具备的。有些美工区域活动需要有这个环节。比如开展纸浆湿塑美工区域活动时，需要将收集来的纸张制作成纸浆，有时还需要调色，制作成各种颜色纸浆备用；在石玩活动中，需要将采集来的石头清洗、晾干、分类摆放；在木艺中，需要将采集的各类木料分类；在进行扎染的过程中，还需要调制染料。但如布艺、编制等一般就不需要这个环节，因为这些美工区域活动所用材料一般不需要加工，而是可以直接使用。

材料加工是幼儿感知各类美工区域活动材料特征、获得不同材料加工技巧、发现材料加工过程中各种科学现象的极佳环节，其间还可能产生分工、合作的机会，获得团队工作的体验。

三、图纸设计

图纸设计是材料转变成某个作品的中介环节。在美工区域活动中图纸设计环节是必需的，带有一定的强制性。受制于幼儿能力发展水平，教师对于幼儿的设计图纸要有适当的期待，但也无须精益求精。对幼儿来讲，完成图纸设计等于证明自己已经知道要做什么与做成怎样，他们后续的工作才可以随之展开。图纸设计环节对帮助幼儿养成一定的构思能力有着重要意义。

四、作品制作

作品制作在美工区域活动中是用时较长的核心工作环节。在该环节中，幼儿的主要工作是落实设计图纸的“方案”，他们通过寻找所需材料，借助所需要的相关技巧，完成作品。由于美工区域所用材料的差异，作品制作环节的展开在不同的美工区域活动中有所不同。比如布艺活动的制作环节可以分解成裁剪、穿针、缝制三个小环节；木艺活动制作环节可以分解成寻找裁剪木料与组装作品；纸艺活动可分为湿塑与干塑两种类型，以湿塑为例，其制作环节可以分成粘贴塑形与勾线上色等环节。作品制作环节根据需要将其环节细化，除了有助于幼儿明晰制作流程外，还可避免由于材料与工具混用带来安全隐患，对材料工具的管理也更为方便。

在制作环节可以发现幼儿的设计意图的稳定程度，可以发现幼儿解决问题的能力水平，还可以发现幼儿在工作上的坚持程度。制作环节是幼儿能力、兴趣、习惯以及相关学习品质发展的重要环节，关注他们的活动、记录他们的故事、发现他们的发展、提供适宜的支持，应该成为教师的重要工作。

五、作品处置

作品处置是一个完整的美工区域活动的结束环节，如何用最优化的手段或方法处置幼儿的作品是该环节的主要任务。

按照处置主体来分，美工区域中幼儿作品的处置路径可分为幼儿自主处置、教师处置以及幼儿与教师协商处置三种方式，在具体的处置情境中需要三种不同的处置方式协同运用。幼儿自主处置是指由幼儿自己决定以何种方式处置作品，充分考量幼儿的主观意愿。教师处置是指有教师按照一定的要求处置幼儿的作品。幼儿与教师协商处置是指在作品处置时由教师引导幼儿展开协商，综合考量幼儿意愿与实际需要处置作品的方式。这种作品处置方式应该成为主要的处置方式。

按照幼儿作品处置去向来分，处置作品的方式可分为环境展示、充实区域材料、赠予或义卖等方式。环境展示是比较常态的处置方式，充实区域材料一般是运用美工作品所具有的流通价值，这种方式通过构建联动式区域活动激活作品的意义，可以成为主导型的作品处置路径；赠予与义卖是一种不充实的作品处置方式。赠予与义卖对象可以是同伴，也可以是家长和其他成年人，通过作品处置开展不同年龄阶段儿童之间的联动以及集体活动，最大限度地提升作品的价值。

运用何种处置作品的方式需要考虑幼儿的主观意愿，作品的处置去向也应该有多元化的趋向。引导幼儿参与作品的处置是对幼儿的尊重，是对作品意义的重视。幼儿在美工区域活动中自主创作作品的意义不仅指向作者个体，也指向幼儿园其他幼儿以及家长。美工区域活动的作品意义不仅是装饰、美化环境，更应是以作品传递幼儿园教育的思想，传递幼儿园的教育文化。

六、环境管理

环境管理环节是幼儿能力、兴趣、习惯养成的重要环节。

环境管理从严格意义上来说，不是一个独立的美工区域活动的环节，而是一个被分解的、与其他各个环节紧密联系的环节。换言之，环境管理可能在任何一个环节、任何一个美工区域活动的时间段发生。

美工区域活动中幼儿对环境管理的参与是幼儿园自主性美工活动的重要标志之一。环境管理一般涉及参与美工区域的环境创设、美工区域的工作环境安排与整理以及自我工作环境的管理三个方面。幼儿参与美工区域的环境创设需要教师的帮助与引导，大多数情况下，还是以教师为主导、幼儿为辅的方式展开的美工区域环境创设居多。美工区域的工作环境安排与整理是指以幼儿为主体，参与美工区域工具材料的摆放，监督和确保幼儿安全规范地使用工具材料，管理美工区域的环境卫生。自我工作环境管理是指幼儿个体主动参与管理个人创作空间的工具与材料的拿取、摆放、使用与归位工作，也包括工作衣、护目镜、安全手套的穿戴、归置等。

在美工区域环境管理的参与程度上，不同年龄阶段的幼儿之间、不同个体之间、不同性别之间存在着差异，坚持、放手、支持、等待是教师帮助幼儿的主导策略。

第二节　幼儿美工区域活动的特征

美工区域是幼儿园自主性美工活动的重要形式，“自主性”（autonomy）又叫“独立性”（independence），20 世纪 80 年代出版的《心理学词典》将“自主性”定义为一个人相对地不受他人的判断、意见或信念影响的自主状态。自主性对于美工教学活动而言，是幼儿园美工区（角）与美工区域的本质特征。美工区域的创设应该在尊重幼儿自主性的基础上展开。美工区域在创设的过程中自然而然地呈现四方面的特征。

一、儿童性

美工区域的儿童性特征是指幼儿是工作坊的主体，具体体现在两个方面：其一是指儿童在美工区域中扮演的角色具有多重性，他们既是管理者、学习者、创作者，也是同伴工作的协助者；其二是指美工区域是为儿童发展而建，环境、材料与工具需要无条件地体现他们的特点。在美工区域中明确儿童的主体地位是体现其自主性特质的基本保障。

相对于儿童而言，美工区域中的教师扮演的角色也与其在教学活动中的角色有很大的不同。美工区域凸显出儿童的主体地位，强化儿童自主能力发展，教师角色需要发生转变。美工区域中的教师是个美工区域的隐形主管。具体来说，教师是美工区域的宏观设计者、规划者，也是美工区域活动中当仁不让的“师傅”，“师傅”不是课堂教学中的教师，在活动中其角色是多维的，既是儿童的榜样、学习资源的维系者、儿童创作的伙伴，也是儿童发展的观察者、记录者、评估者。隐性协助是教师支持儿童在美工区域展开有益工作的主要形式。

二、全程性

美工区域的全程性特征是指幼儿作为活动的主体，其在美工区域活动中的各个环节都需承担角色任务，而不仅仅是以创作者的身份参与。他们既要参与美工区域的管理，还要参与美工区域的学习与创作活动，必要时，还可参与美工区域的规划、设计和环境建设，甚至处置他们的作品等。

完整的幼儿美术教育观明确了美术教育在幼儿发展中的意义，促进幼儿全面发展是幼儿园各个领域教育共同的责任。美工区域当中蕴藏着大量促进幼儿能力有效发展的机会与可能。传统的美工区（角）活动更多地关注幼儿是怎样创作以及如何帮助他们完成创作，对幼儿的管理、社会交往、科学探究、责任心、习惯、兴趣等方面的发展没有给予应有的关注。真正自主的幼儿美工区域活动需要对传统的幼儿园美工区（角）进行改进与拓展，活动空间应更大，幼儿应更自主，材料工具也应更丰富。幼儿在对某个特定美工区域中的创作过程保持关注度的同时，教师还要关心其中的材料是否充足、工具是否齐备、工作环境是否需要整理与修缮等。

美工区域全程性特征对于活动的主体而言，具有两层含义：一是指个体幼儿需要完整的参与某个特定美工区域的全部流程；二是指幼儿只需参与其中的某些环节，一些特定的环节按照轮流的方式，由部分幼儿来完成。比如在纸的湿塑的废纸采集与纸浆制作环节，可以以部分幼儿轮流参与的方式展开活动。但像布艺美工区域一类的活动，大都由幼儿自主完成，就需要幼儿个体完整地走完整个布艺美工的流程。

三、情境性

18 世纪德国美学家席勒认为人类和动物爱美的天性促使审美游戏的出现，拉开了人和动物爱美的差距以至根本差异，促使儿童美工由生物性的视觉快感演化为一种人类永恒的美感。席勒同时提出了儿童“视觉快感”正是人类美工起源方面的主要原因。社会心理学家库尔特·卢因（Kurt Lewin）曾在 1942 年提出心理场的场内力学观点。他认为行为除了起源于个体或群体的具体特征以外，更受到环境的影响。生活空间就是“场”，包括人及有关的心理环境，在特定的时间内影响个人心理因素。美工区域通过有序的、对话式的、体现儿童性的情境创设，借助材料工具的摆放、图示布置、服饰设计等手段，营造强大的、具有美工区域特质的心理磁场效应，以吸引幼儿主动参与活动，引发幼儿的自主活动。

幼儿美工区域的情境性特征体现在制作环境的现场感与操作工具与材料的真实性两个方面。

制作环境的现场感一般要结合既定的美工区域特质的情境化的环境来布置。按照操作环境、展示环境、欣赏环境的不同空间要求来设置美工区域的环境，材料、工具、桌椅、柜子等的摆放与墙面环境的规划布置要呈现出具有美工区域主体材料特质的现场感。

操作工具与材料的真实性是指美工区域中幼儿工作真实性的一面，幼儿是运用真实的工具材料再现真实的工作场景，与借助非真实的工具材料，依靠幼儿的遐想来完成建构制作的游戏活动存在一定差异。在这种真实的情境下，幼儿可以通过与材料、工具以及情境之间的有效互动，体验工作带来的乐趣，感受坚持的珍贵，积累成功的经验。

四、游戏性

游戏性是幼儿美工发生和存在的本质特征。作为幼儿美术教育的重要构成形式，美工区域活动同样具有游戏性的特征。幼儿自愿参与美工区域活动，进行自主管理、自主学习与自主创作，美工区域活动的过程性体验与作品给他们带来愉悦的情绪情感，他们在美工区域情境中，自然而然地将自己假想成“小工人”或者“小画家”，不以最终作品真正的社会或者经济价值作为他们的目标。可以说美工区域就是一种依托于美工工具和材料，在特定的美工区域环境的支持下，由幼儿自觉自愿展开的一种游戏形式。

由于能力、经验等方面的差异，美工区域的游戏性特征在幼儿的不同年龄阶段存在差异。两三岁的幼儿在开展美工区域活动时，幼儿的生物性本能会体现得充分一些。他们借助常见的工具与美工材料，诸如纸张、水粉颜料与笔、油画棒、橡皮泥等，开展与运动有关的游戏活动。这时幼儿的美工活动很少有主观创作意愿的参与，而更多的是由于肌肉运动快感所引发的行为，有时又会由于活动材料运用带来的某种现象的变化，进一步激发幼儿参与美工区域活动的冲动。四五岁以后的幼儿，随着能力与社会化行为的发展，角色、环境、关系等社会化因素越来越充分地体现在他们的美工作品中。由生物性本能主导的幼儿美工的审美游戏性特征也转而由社会性本能所替代。他们在美工区域活动中开始有了自我规划的主观意识与努力，越来越把自己当成一个地道的美工区域里的小师傅，在环境管理与作品创作方面更乐于投入，对作品也越来越珍惜。

但由于美工区域活动所依托的美工工具与材料具有真实性的特征，使其区别于一般意义上的游戏：一是在美工区域中，幼儿的假想性更多地体现在角色的变化上面，工具材料的真实性更促进了这种假想的顺利产生；二是美工区域活动是在真实情境中发生的游戏，幼儿将他们从活动中获得经验、能力、情感、习惯、兴趣等顺利迁移到现实生活情境中的可能性更大。

第三节　幼儿美工区域活动创设策略与组织技巧

一、幼儿美工区域活动创设策略

幼儿美工区域活动创设策略包括工作坊的材料类别与采集、工作坊物质环境创设两个方面。

（一）幼儿美工区域活动的材料类别与采集

1. 美工区域活动材料的类别

美工区域活动的材料有几大类：一是长期固定提供的基本材料；二是随着班级活动进程、季节变化等多种因素适时调整的材料；三是为方便幼儿开展活动和保持环境整洁而准备的辅助性工具。

（1）基本材料。

美工区域活动的基本材料是比较固定的，教师应该保证这些材料种类齐全、数量充足。这些材料大致如下。

笔：油画棒（蜡笔）、水性彩色笔、水粉笔、彩色铅笔等。

纸：各种材质、各种颜色的纸张，如皱纹纸、绘图纸、厚彩纸、宣纸、蜡光纸、吹塑纸等。

剪裁工具：安全剪刀、美工刀（须在教师陪伴下使用）等。

粘贴材料：双面胶、透明胶、胶水、泡沫胶等。

颜料：水粉颜料、调色板。

彩泥：各色彩泥，泥塑工具，如模具、牙签等。

此外，根据班级实际情况，教师还可以有选择地提供针线、布、彩带等缝纫和编织材料，纸片、塑料片、串珠等造型组合材料。

（2）机动材料。

机动材料是随时间和环境的变化而提供给幼儿的不断调整更新的材料。它们分为两种，一是根据客观环境变化而提供的材料，比如秋季捡来的各种落叶，在郊游时收集到的各种石头，幼儿从家里带来的各种废旧纸盒、纸杯、纸盘等。选择这种材料需要教师有非常开放的思维，只要有想法，我们身边的很多貌似无用的物品都可以成为美工区域活动的好素材。二是教师根据教学活动进程而提供的材料。当幼儿学习了一种新的美工创作方法时，教师就把相应的工具投放到工作坊中让他们操作，比如刷画用的梳子、牙刷，滚珠画用的盒子、弹珠等；同时也要为不同发展水平的幼儿提供适合的材料，比如他们学习了用剪刀剪纸后，工作坊可以准备画有简单线条和图案的纸、废旧图书中有图案的书页供幼儿剪，还可配上糨糊和背景纸供幼儿将剪下的图案进行组合粘贴。这些工具材料和美工教学活动相呼应，所以随着新材料的不断补充，旧材料也不断被淘汰。

建议在美工区域活动中准备一个“宝贝箱”，把师生能够收集到的材料都集中放置在其中，以供幼儿使用。这些材料不规定使用方法，也不限制使用次数，鼓励幼儿自主选择，创造性地用材料进行美工创作。

有了这些不断更新的材料，美工区域活动就有了生命力，从而能够始终吸引幼儿参与进来。

(3) 工具材料。

比如幼儿绘画用的画架、盛放颜料的容器、为避免污染衣物而提供给幼儿的围裙或罩衣、方便幼儿取拿的小废物篮等。另外还有一些幼儿能够独立使用的清洁用品，如小拖布、海绵、水桶、纸巾、扫帚等。

2. 美工区域活动材料的采集

材料是美工区域活动的重要物质支持，其采集与运用需要考虑到幼儿能力的发展与环境空间构成等因素。

幼儿能力养成是美工区域活动这类自主性美工活动的意义所在，材料采集形式可以多样化，但要考虑如何能使幼儿能力发展的作用最大化。

一般而言，材料采集可以分为幼儿采集、教师采集、幼儿与教师合作采集等三种形式。

(1) 幼儿采集。

美工区域活动活动中的幼儿采集材料可以分为结合主题与自由性材料采集两种，前者为教师结合一定的主题创作要求，引导幼儿进行有目的地采集活动材料。如以“瓶盖创意”为主题的自主性美工活动，教师可以在一段相对比较长的时间周期内，引导幼儿在日常生活中采集各类瓶盖。幼儿需要采集瓶盖带到幼儿园，并将瓶盖分类存储备用。在这个过程中，幼儿的责任心，管理材料的意识都有机会得到提升。幼儿自由性材料采集一般针对中、大班幼儿而言，他们可以将能在美工活动中使用的生活或自然物品采集后带到幼儿园，放置在专门场所以备需要时使用，这类材料采集并不一定针对某一类主题活动。

幼儿采集一般针对活动的主材而言，特别是自然物。

(2) 教师采集。

教师采集这类形式在美工区域活动中是一种辅助的材料采集方式，其主要针对辅材或者需要通过购买等方式获取的美工材料而言，如布料、糨糊、水粉颜料等。

（3）教师与幼儿合作采集。

教师与幼儿合作采集是幼儿园运用的比较多的材料采集形式，教师可以结合幼儿年龄、能力等方面的特征，作为决定自身介入材料采集的程度的参考指标。一般的原则是面对年龄小、能力弱、家长配合困难的对象，介入程度高；面对能力强、独立性好、家长配合积极的对象，介入程度较低。介入幼儿材料采集过程需要一定的教育艺术，教师需要综合考虑多种因素，以促成他们在此过程中的发展机会最大化。材料运用是材料采集以后需要考虑的重要内容。材料运用涉及材料分类、材料加工、材料摆放三个方面。

（二）幼儿美工区域活动物质环境创设

幼儿园美工区域活动物质环境创设一般从操作环境、欣赏环境与展示环境三个方面入手。

（1）操作环境创设（见图 7－1、图 7－2）。

图 7－1　桌面操作环境（编织）

图 7－2　地面操作环境（扎染）

操作环境是美工区域活动环境创设的核心环节。操作环境一般涉及操作区域选择与操作平台设计两个方面。

操作区域选择是美工区域活动环境创设的重要方面。美工区域活动的区域空间必须悉心选择与设计：

第一，注意幼儿用眼卫生，美工区域活动应该安排在采光良好的地方，最好能靠近窗户，以获取明亮柔和的自然光线。

第二，有相对宽裕的活动空间，保证幼儿在美工创作过程中尽量互不影响。教师为美工区域活动规划的空间要尽可能宽敞，除了摆放充足的材料，还要有呈现欣赏材料和展示幼儿作品的场地。此外，至少还要能允许四五名幼儿同时活动而彼此不受干扰。

第三，美工活动是相对安静的活动，使用的工具材料也比较复杂，因此美工区域的空间设计要相对独立。规划美工区域活动的位置时，教师要考虑到方便幼儿持续不受打扰的活动，让工作坊和其他活动区（角）相对隔离开来，将工具材料单独摆放在一组材料架上。工作坊要尽量地远离表演区、角色扮演区、建构游戏区等容易产生较多声音干扰的区（角），并使其他游戏区幼儿在活动时不需要在工作坊中穿梭行走。美工区域活动的桌子最好专门用于美工活动，而不要和其他区（角）共用。要将应该搭配使用的工具放在一起，比如画架和图画纸、笔放在一起，水粉笔和水粉颜料放在一起，彩泥和泥塑工具放在一起。美工区域活动的设置也不是一成不变的，工作坊的桌椅、画架和部分材料架最好能够灵活移动，既允许幼儿单独活动，也方便他们自由组合活动，还能满足几个幼儿组成小组开展美工活动。

操作平台设计需要包括操作平台、物品储藏柜设计与摆放两个方面。操作台因工作坊的特质而有区别，可以是桌面或者柜面，也可以是地面或者墙面。一般而言，像布艺、泥塑、纸塑、版画等需要一定面积的桌面或者柜面，而如串珠、编织以及部分涂色游戏可以利用地面与桌面。

物品储藏柜的设计要根据相应工作坊使用的主材与辅材的特质进行设计，突显适合摆放、拿取方便之原则（见图 7-3）。选择一米以下的开放式物品储藏柜放置工具材料，材料之间互不遮挡。工具材料分门别类陈列，如各种笔、纸、半成品材料、粘贴材料各放在一层，材料摆放要分类，这样既适合幼儿拿取，同时也能为幼儿有序地拿取摆放材料提供暗示，并形成习惯。为方便幼儿归还材料，材料架最好有对应材料的标识，大班幼儿可以用简单的文字做标识，中、小班幼儿可以用教师绘制的标记图做标识，而婴儿班则可以选择实物照片做标识。这种一一对应的材料呈现方式能培养幼儿的秩序感，也能维持工作坊的有序运转。

图 7-3　有序摆放的编织材料

操作台与物品储藏柜的摆放要适合幼儿的使用，要符合活动流程的要求，同时要兼顾操作与存储功能以及安全与卫生的要求。

另外，工作坊最好能靠近水源，便于幼儿及时取水调色、涮笔、换水。从培养幼儿自我服务的能力和做事有序的习惯出发，美工区域活动的设置要有利于幼儿自己收拾清理。颜料等容易污染环境的材料最好放在靠墙的低矮处，并在下面垫上报纸；工作坊要准备抹布、小拖布、废纸篓等，以使幼儿在完成美工活动后能用这些工具整理工作坊。

（2）欣赏环境创设。

欣赏环境是结合相应工作坊活动开展需要，为支持幼儿特定审美经验获取或者自主学习能力提高，由教师设计并布置的工作坊环境。欣赏环境不同于操作环境，它一般以静态的方式出现，比如摆放、悬挂、粘贴诸如泥塑、布艺、纸浆画等作品，旨在创设一种工作坊的创作意境，在布置时需要注意疏密得当，方便幼儿欣赏。此外还有一类是以每种类型的工作坊活动的操作步骤方式展示，为参与活动的幼儿提供自主学习的支持。这类操作步骤的展示通常以图片的方式展示，图片展示的高度应与幼儿的身高相匹配，图片要清晰地展示操作细节。

（3）展示环境创设。

展示环境创设主旨在于为幼儿在美工区域活动创作过程中创作的成品或者半成品提供可以展现的环境平台。美工区域活动的展示环境可以分为集中展示环境与分散展示环境两个部分，集中展示环境是指教师为幼儿提供相对固定集中场所或者空间，以审美的视角展示幼儿作品的平台；分散展示环境是指由于幼儿园整体环境创设需要，教师为幼儿提供的临时性、点缀性的展示平台。集中展示环境与分散展示环境创设都要体现审美原则，即要以美的设计展示幼儿的创作。幼儿的美工与绘画等作品可以粘贴在墙面上，也可以挂在绳子上，但一定要确保作品在幼儿的正常视线范围内，使他们能轻松看到。对于幼儿的手工作品，可以设定一些角落或台面作为专门的展览区域，允许幼儿取拿、把玩。如图 7-4 所示，教师将小班幼儿粘满水粉颜料的纸团布展在画满放射性线条的墙面上，将大班的纸塑花瓶集中摆放展示，形成了很好的视觉冲击力。教师的再创作提升了幼儿作品的美学意义。

图 7-4　墙面展示环境

二、幼儿美工区域活动组织技巧

正如前面所说，理想的幼儿美工区域活动应该是一个可以自由选择、自主操作的场所，那里有丰富的资源和很少的限制，幼儿在那里可以按照自己的意愿创作，可以体验到创作过程和结果带来的双重快乐。因此，在严格坚持美工区域工作流程的前提下，教师在美工区域活动的指导中应该是以观察聆听、欣赏和支持为主，辅以少量知识技能的传授和辅导。幼儿美工区域活动组织技巧应包括：

第一，要弱化招生的教师身份，增强美工区域“坊主”意识。观察、倾听、记录、分析教师在美工区域中的主导工作。美工区域活动也是教师观察、聆听幼儿，从而了解他们的兴趣、问题、活动特征的重要途径。在美工区域活动自由宽松的氛围里，幼儿的表现非常真实，他们可充分展现自己的想法和能力。教师可以有计划地观察幼儿的活动情况，在不打扰他们活动的前提下和他们对话，了解他们的所思、所想。教师应能够持续地在美工区域活动倾听和观察幼儿并做记录，还要持续地收集幼儿的作品并进行解读，这些素材都是幼儿个体成长档案中重要的素材。其中，观察记录工具的设计与使用显得十分重要，由于美工区域活动的程序性比较强，幼儿在不同流程中发生的事件也不尽相同，借助美工区域活动中的《儿童关键事件记录表》记录幼儿在活动中发生的各类事件，对于评估幼儿的发展特征大有裨益。

第二，教师应该设法营造美工区域活动轻松愉快的氛围。教师留给幼儿的活动空间要充足，活动材料最好能够向幼儿开放。工作坊只制定最基本的活动规则，能保持区域整洁，保证幼儿之间不相互打扰即可，最大限度地给予幼儿选择和创作的自由。幼儿在参与美工区域活动时，教师尽可能不要去干扰，确保他们有一个连续完整的创作过程，也不要从教师的角度去随意批评指正，而要更多地抱着欣赏的态度去看待幼儿的美工活动和作品。

第三，教师要努力使美工区域活动对幼儿有持久的吸引力。(1) 美工区域活动的活动内容需要时常更新，根据幼儿的兴趣和发展的需要，适时加入新材料，变更旧材料。(2) 美工区域活动的材料设置要有层次，让不同发展水平的幼儿在里面都能够投入活动，并成功完成作品。(3) 美工区域活动的工具材料要充足，对于消耗品，教师要随时留意检查补充，最好每种材料都能够满足班级至少半数的幼儿同时操作。

第四，美工区域活动很适合开展一对一指导的美工活动区，针对那种特别需要手把手指导的幼儿，教师可以有设计、有安排地引导幼儿进行活动，并给予适当的帮助。而对那些对美工有特别爱好的幼儿，教师也可以在美工区域活动为他们提供新颖的、有挑战性的材料，满足他们的需求。

第五，协助幼儿建立美工区域各个流程的活动规则，做好安全提示标识的制作与运用。幼儿在美工区域中的管理需要规则支持，在他们主动生成规则的意识还比较弱的情况下，教师需要协助幼儿建立规则或者制作安全提示标识牌，并通过张贴、悬挂的方式将其呈现在美工区域情境中。

第六，关于幼儿在美工区域活动完成的作品，教师首先要持欣赏的态度，而且要表现出对幼儿努力的珍视。教师应该给出空间让幼儿展示他们所有的作品，允许他们将自己的作品和朋友分享，或者带回家和家人分享。有条件的话，教师应该在作品上完整地记录下幼儿描述和解释自己作品的话语，这对于幼儿重温自己的想法以及家长理解孩子作品都非常有益。

总的来说，幼儿参与美工区域活动的意义在于幼儿在美工材料的采集、处置并创作美工作品的过程中，他们的能力、兴趣、习惯等方面的发展。幼儿应该成为美工区域活动中真正的主人，教师是幼儿美工活动的必要支持者、观察者、评估者。一个幼儿园有怎样的美工区域活动很重要，但更重要的是如何构建适合不同年龄段与能力水平的幼儿的美工区域活动。营造全园性的、具有生态课程气息的联动式美工区域活动是幼儿园美工课程建设的更好方向。

第四节　幼儿美工区域活动举例

一、石玩坊

（一）石玩工具与材料

石玩工具包括上色工具与黏合工具两类。

常用的上色工具有铅笔、竹签、广告颜料或者丙烯颜料。铅笔主要用于打底稿。上色前须先把自己的构思用铅笔直接在石头上打稿，确定图案的大小、位置。竹签主要用于画细部，如眼睛等，可利用竹签蘸上少量的颜料来描绘。使用广告颜料时，水分一定要少，色彩要艳丽些，待颜料干后，再上一层漆，这样色彩就会有亮度且能保持长久。使用丙烯颜料时，须重复涂 2～3 次（待颜料完全干后）色彩才会更饱和。

黏合工具有速干胶、快干胶、镊子等。速干胶和快干胶比较适用于石玩创作，这两种胶黏着力很强，干后会变硬，不易脱落，适合粘接石头。快干胶更适合粘贴布类、线类等小配件。纸胶带可以在石头粘上速干胶但还未干时使用，用纸胶固定住石头，以避免石头滑落，影响造型。镊子主要用于较细微部分的粘接，使用镊子方便调整角度，而且不易弄脏作品。

石玩装饰的辅助材料取材广泛，布料、线、毛发、树枝、铁丝或铜丝等自然物与废旧材料都可以利用。如树枝可用作动物的四肢、触角等，又如铁丝、铜丝或者铝线，可塑性高，可以随意地弯曲变化，可用来做卷曲的头发、动物的尾巴等。

（二）石玩活动的操作程序

1. 构思应该是石玩活动的首要环节

对幼儿来说，石玩构思的发生可以有两种不同的形式，一是随机挑选一块石头，根据石头的形状以及花纹的特质进行大胆想象；二是根据教师的命题进行石玩创作，有目的地选择需要的石头，创造出符合教师要求的作品。如在命题石玩创作活动“鸡”中，幼儿就需要选择可以做鸡的身体的石头（见图 7－5），同时还要寻找可以用作鸡冠、鸡翅膀、鸡嘴巴等的石头（见图 7－6）。

图 7－5

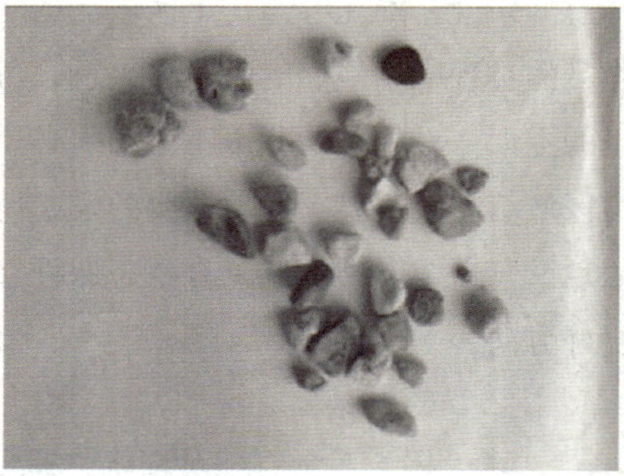

图 7－6

2. 准备创作需要的辅助材料

幼儿根据构思准备创作表现所需要的辅助物，如小石子、布料、铜丝、铁丝、树枝、彩纸等，并借助胶水进行作品的整体组装、美化。如“鸡”的制作，可以把小石头（鸡冠、鸡嘴）用速干胶粘在三角形的石头上（鸡的身体），然后用双面胶固定，待速干胶干后，再把双面胶撕掉（见图 7－7）。此外，幼儿可以依据自己表现的需要用水粉或者丙烯颜料给作品上色，等颜料干后在作品上刷一层清漆，可以起到保护颜料的作用（见图 7－8）。当然，石玩作品的创作材料不一定只有石头，也可以借助其他物品提高作品的表现力，如生肖“龙”的制作，可以选择圆木头做龙鳞，以树枝、小石子做龙角，铜丝做龙须等（见图 7－9）。

图 7－7

图 7－8

图 7-9

(三) 石玩活动的指导要点

1. 每次石玩活动都要有一个基本的创作方向

在鼓励幼儿充分发挥自己想象力的同时，也需要对幼儿每次的创作方向做一个引导。有时我们把创作主题定为“交通天地”，幼儿可以根据这个方向创作飞机、轮船、汽车等五花八门的交通工具。

2. 注重单个作品的后续组合与创新

尽管幼儿的石玩创作有了一个基本的方向，但是他们的作品之间还是缺乏有机的联系，简单地将这些作品放在区域角中，会显得生硬、唐突。因此，教师应该注重这些作品的后续组合，使幼儿的石玩创作热情得到激发。

3. 利用区（角）开展延伸性活动

石玩的区（角）创设好以后，教师应充分利用它开展丰富多样的延伸性活动，发挥其多重教育价值，而不能让区（角）成为一个幼儿不能碰、不能进入，而只能旁观的摆设。

4. 教师要因材施教

教师应掌握石头的具体特征，根据幼儿的年龄特点及接受水平，进行科学、合理的指导。

5. 在创作上，变简单的模仿为大胆的创作

幼儿有限的认知水平和创作经历决定了他们更愿意模仿教师的石玩作品。指导石玩创作的一个难点，就是充分解放幼儿的想象力，让幼儿联系自己的生活经验，根据石头的不同特点创作出富有个性的作品。这个过程是漫长的，并需要教师耐心地启发与引导。

6. 制作上，变“乱涂乱抹”为有效地控制

在让幼儿尝试石玩创作的过程中教师会发现，诸如在石头上涂色和粘贴一些辅助材料，尤其是对一些设计得比较精细的石玩作品，做局部细微的处理，对于幼儿来说还是有困难的。一是因为石头本身比较光滑，比较难着色；二是因为幼儿手的控制及协调能力还在发育中。因此，指导石玩创作的一个重点，就是指导幼儿认识基本的石玩创作工作，并花时间让他们进行基本的练习。

二、布艺

布艺创作是幼儿对布头进行艺术加工、创造的过程。目前，适合幼儿操作的布艺创作种类主要有两大类：一是布艺装饰画，又称“布贴画”；二是布艺小制作，包括简单的布艺小玩偶、布艺装饰品、小挂饰和小靠枕等。

（一）布艺装饰画

布艺装饰画（见图 7－10、图 7－11）又称“布贴画”，是利用各种彩色布剪成不同形状，通过缝贴手法进行排列，组合成一个具有鲜明主题的装饰绘画。剪贴是布艺装饰画创作的基本技法。

图 7－10　撕不烂的布艺书

1. 制作材料和工具

制作布贴画的材料随处可见，工具也是随手可得。材料主要包括背景材料与主要材料。背景材料很多，可以是质地厚实的布料，也可以用硬纸板、泡沫板等材料替代。主要原料包括各种纺织品的边角料、零碎布头、各种辅料（如花边、纽扣、毛线等）。制作布贴画的工具十分简单，一般包括剪刀、笔、针与胶水等。

2. 制作方法

完成一幅布贴画作品，一般分为四个步骤：设计、制作纸样、剪裁和拼贴。

布贴画的设计一般包括做什么作品与用什么材料创作两个方面，做什么作品涉及作者

图 7-11 长颈鹿吃果果

的构思，不同年龄、能力的幼儿构思能力有很大的差异，在设计阶段的有针对性的指导是教师应该重点关注的。用什么材料制作布贴画涉及幼儿对材料的选择与运用。布贴画制作的材料很丰富，在进行布贴画创作前，对材料进行分类、取舍尤为重要。布料的色彩、质地、纹理等方面是选用布贴画材料的主要思考点。如图 7-11 所示，作品中所有的物象都是利用布头本身的色彩、纹理进行创作拼贴。

制作纸样是布贴画制作的第二个环节。纸样制作简单地说就是把已经形成的创作构思画在画纸上，然后在事先选好的各种布料上，将纸样上的图案按比例进行描绘，完成图案设计。这个阶段就是构思外化环节（见图 7-12）。

图 7-12

完成纸样设计后，创作者需要利用裁剪工具将布上的图案裁剪下来（见图 7-13）。最后可以在各种画纸或者布块上，将裁剪好的背景、各类图案按照设计图纸的样式进行拼贴，一幅布贴画就完成了（见图 7－14、图 7－15）。

图 7－13

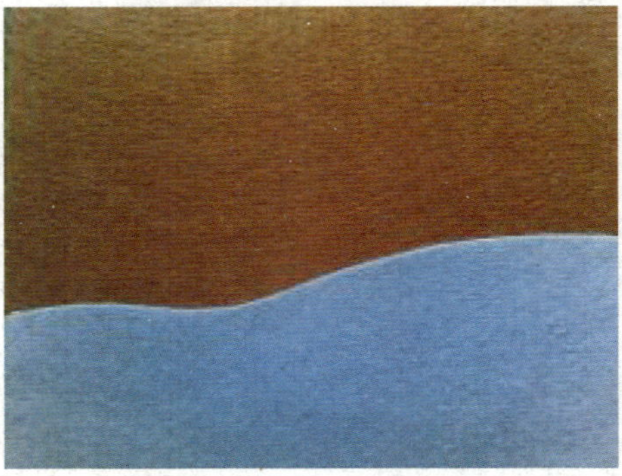

图 7－14

图 7－15

布贴画是任何年龄阶段的人都可以进行的艺术创作，可以根据创作者的年龄，提出不同的需求。对于小年龄的幼儿而言，提供的材料应该是有具体形象的布料，且形象不可太小，边框线条简单，一般建议引导幼儿直接选择材料进行拼贴，在布料原有图案的基础上进行添画、裁剪、重新组合，从而创造新形象。

随着年龄的增长、动作的发展，幼儿可以使用多种材料，并添加必要的辅料进行细节性的修饰。在制作手法上，除了常用的剪、贴外，还可以根据画面需要，通过折叠、缝制、毛边处理等使形象更加突出、更加明确。

（二）布艺小制作

布艺小制作在日常生活很常见，一般指用旧衣物、零碎布料、毛巾等材料，通过裁剪、缝制的方法进行的美工创作，布艺小制作还可以利用天然物、花边、纽扣等进行美化装饰，进行玩具、生活用品等的立体制作活动（见图 7－16～图 7－19）。裁剪与缝合是布艺小制作的主要技法。

图 7－16　表情书

图 7－17　小象

图 7－18　杯垫

图 7－19　海底世界

1. 主要材料与工具

布艺小制作所需的材料常见的一般有布、线、各种辅料与填充材料。不同颜色与质地的织布、印花棉布、绒布、毛巾布、废旧衣物以及皮革是布艺小制作的主要材料；作品的缝合主要用各色缝线与绣线；各种贝壳、果壳、纽扣、花边、毛线可以作为制作辅料；棉花、碎布等可用做填充物，这些都是在立体布艺制作中常用的材料。

常用的工具包括剪刀，长短、粗细不一的手缝针、珠针，水消笔、铅笔等。

2. 制作步骤

布艺小制作也可分为四个步骤：画纸样、裁剪、缝合和塞填充物、缝合返口。下面以玩偶小兔子的制作说明制作具体步骤。

图 7－20

首先，画出预先设计好的纸样，纸样可以直接在选好的布上，用粉笔描绘构思好的小兔图案。由于是立体布艺制作，相同图案需要有两个，所以初学者常用的方法是将布对折后，在其中一面描绘图案，然后用剪刀按照描绘小兔的轮廓将其裁剪下来即可（见图 7－20）。

其次，在小兔形状布样上定好眼睛和嘴巴的位置，并用纽扣或者自然物缝好眼睛和嘴巴（见图 7－21）。

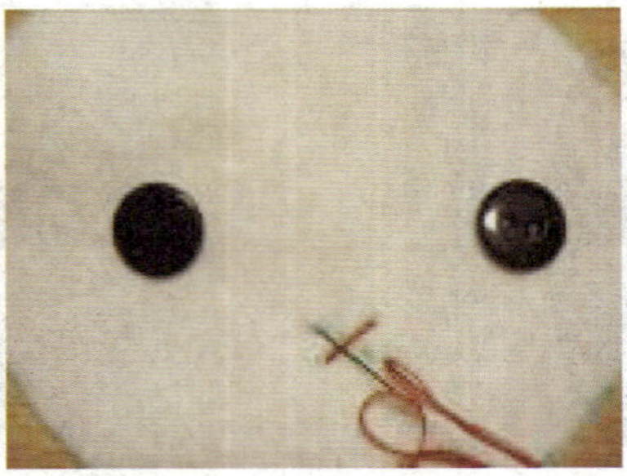

图 7-21

图 7-22

接下来的工作就是缝合。将事先裁剪好的两片小兔形状布样用针线沿着边沿缝合（见图 7-22）。为使制作的作品有立体感觉，需要往缝合的兔子上填塞棉花等填充物，所以在缝合时要注意留返口。

最后通过反口填塞填充物（见图 7-23）。这个环节要特别注意细部或者远端填塞。教师可以引导幼儿用手指或者小棒等辅助手段，保证填塞比较饱满，使得作品有较强的立体感（见图 7-24）。同时还可以根据个人的喜好或者活动需要引导幼儿进行个别化的装饰，如给小兔制作衣服和帽子等（见图 7-25）。

图 7-23

图 7-24

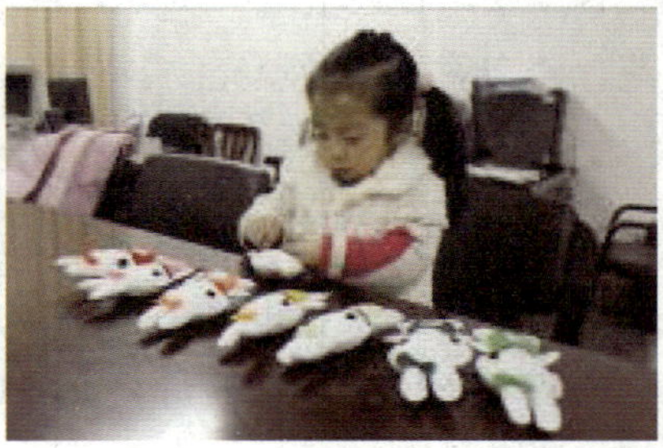

图 7-25

布艺小兔是形象相对固定的玩偶系列，基本制作包含的是前四个步骤，除此类布艺玩偶，另一类布艺小制作是指教师可以和幼儿协作完成布艺半成品，幼儿可以运用此类布艺半成品进行进一步的创作，如下面即将介绍的布艺小人。

制作布艺小人的第一步就是教师和幼儿合作完成所有的布棒（布艺半成品），为幼儿进一步造型提供材料。布棒制作方法基本与布艺玩偶的技法一致，主要包括：

第一，将细铁丝进行折叠，并用胶带纸将两头进行黏合，备用（见图 7-26）。

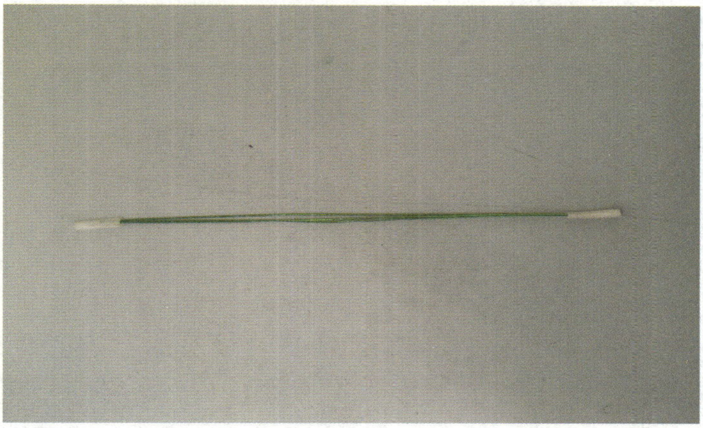

图 7-26

第二，剪一个布条，长度比铁丝略长（见图 7-27）。

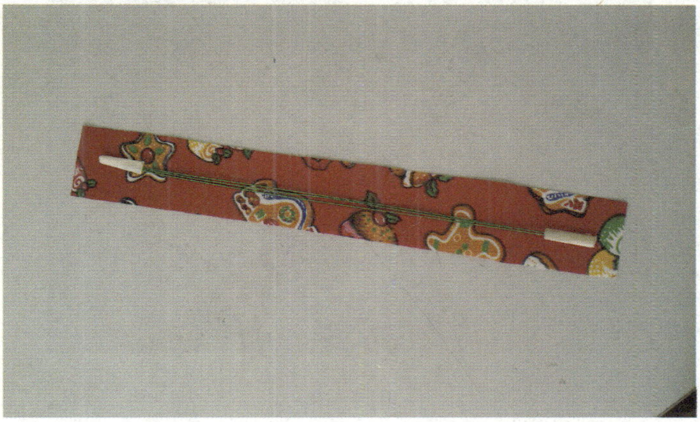

图 7-27

第三，将布条正面向内对折，进行缝合，并留下返口（见图 7-28）。

图 7-28

第四，将缝合好的布条进行翻面（见图 7－29）。

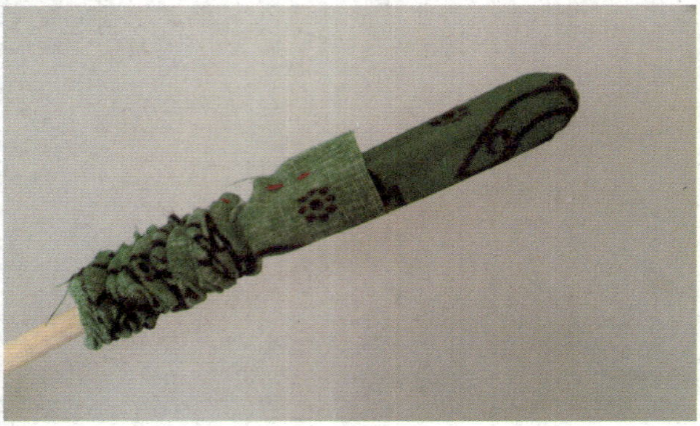

图 7－29

第五，将铁丝插入缝合好的布条内（见图 7－30）。

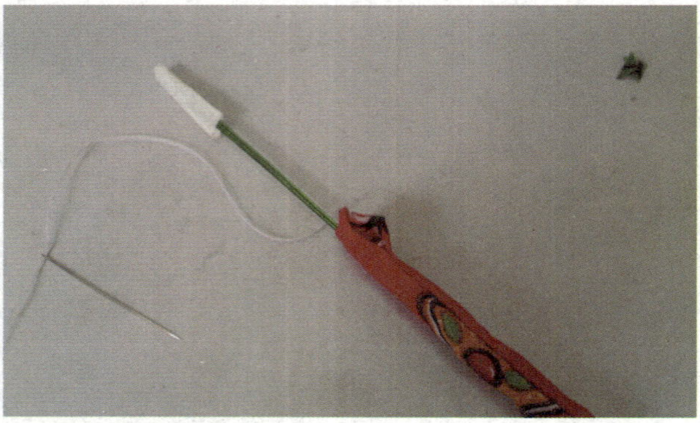

图 7－30

第六，缝合返口（见图 7－31）。

图 7－31

接着，在完成了足够数量的布棒之后，幼儿可根据自己的经验和喜好进行造型和装扮，图 7－32 展示的是幼儿动手制作的各类布棒小人。

图 7－32

布艺小制作由于作品的指向丰富，所以对具体裁剪、缝合的要求也不一样，而且有的制作本身不需要填充物品，如书包、小靴子等。教师在帮助幼儿确认布艺制作意向时，不仅要顾及幼儿的经验、兴趣，更要关注幼儿的年龄、能力，以确保幼儿能做、愿做，作品能用、能玩儿。

三、色彩实验

（一）自制粉笔

1. 材料准备

石膏、水、塑料杯、气球、不同色彩的颜料、木棍或塑料小勺、漏斗。

2. 实验步骤

在一个杯子里放入石膏和水并不断地搅拌，直到溶液呈稀粥状。然后，将溶液倒在各个塑料杯里，并往每个杯里加入不同的颜料，搅拌后再用漏斗把它们倒入不同的气球（见图 7－33）。

放置一天，等石膏溶液变硬，再将气球剪破，并把气球里面的石膏取出来，把它们完全晾干，就变成了我们平时用的各种颜彩的粉笔了。用粉笔作画时要选择质地较粗的纸张，太光滑的纸张粉笔不容易附着上去。

这其实是石膏遇水发生的化学反应。

（二）会跑的颜色

1. 材料准备

水彩纸、水彩颜料、毛笔、喷水枪

2. 实验步骤

在水彩纸上方画上很多不同色彩的点，把纸挂起来，然后用喷水壶向水彩纸喷水。过一会儿，有色彩的小水珠开始向下“跑”，留下长长的彩色长条，这些彩色长条相交后会形成新的色彩。幼儿在进行这样的色彩活动时会有不少惊喜的发现。每个幼儿挑选的色彩不同，绘画作品的效果自然也就不同，如有的挑选了蓝色和黄色，结果会变成绿色；有的挑选了蓝色和红色，最后变成了紫色；也有的挑选了很多色彩，结果发现变成了黑色（见图 7－34）。

图 7－33　自制粉笔

图 7－34　会跑的颜色

（三）扎染

1. 材料准备

绳子、碗、染织颜料、棉布。

2. 实验步骤

用绳子把棉布紧紧捆扎起来。将捆扎好的棉布浸泡在染织颜料中。过一会儿，等棉布完全浸透之后，用清水好好冲洗一下，最后解开绳子。在实验中，白布变成了蓝布，上面还有一些漂亮的白色圈圈图案，这是因为颜料无法浸透白布上被线绳捆扎的位置，那儿依然保持了原来的白色（见图 7－35）。我们也可以选择有色彩的棉布来进行扎染，这样留出的圈圈图案就是布的色彩。我们还可以在多处制作不同色彩的圈圈图案。先从浅色颜料开始，在每一种颜料中浸泡好捞出，可以在布上根据个人喜好多扎几个部位，特别要注意的是，需要从浅色颜料向深色颜料过渡，这样就出现了多彩的圈圈。

（四）彩蛋

1. 材料准备

蜡烛、颜料、鸡蛋、小勺、碗。

2. 实验步骤

把蜡烛点燃，使它熔化成蜡烛油，再用小勺把蜡烛油滴在鸡蛋上，然后把鸡蛋放进颜料中浸泡一会儿再拿出来，就能看到一个带着白点的彩蛋了（见图 7－36）。这是因为蜡烛通常是由石蜡制成的，而石蜡不溶于水，蛋壳上有蜡的地方颜料就染不上色。教师在带幼儿操作此色彩实验时要注意安全，防止被蜡烛油烫伤。

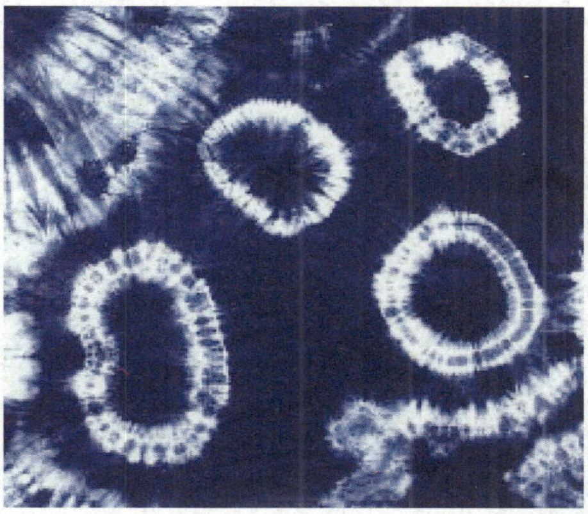

图 7-35 扎染

图 7-36 彩蛋

（五）制作亨德沃瑟颜料

1. 材料准备

彩色粉笔、温水、糖、碗、卡纸。

2. 实验步骤

亨德沃瑟是 20 世纪一位多才多艺的奥地利艺术家、建筑师。他的艺术作品特色是“亮色调”和“非直线”。他设计的房子营造了一种梦幻般的艺术氛围。他的作品画面色彩亮丽，对比强烈，常常使用大量鲜艳的糖果色彩。我们可以尝试制作亨德沃瑟颜料。先把糖放到温水里搅拌，尽可能做成一碗浓浓的糖水，然后把粉笔浸入浓浓的糖水中，等粉笔完全湿透之后再拿出来用它画画。粉笔在糖水中泡过后就会变得黏滑而不易形成粉末，用它作画的感觉就像用油漆作画一样，别有一番效果（见图 7-37）。

（六）雪花点点

1. 材料准备

水彩颜料、调色盘、水彩画笔、水、水彩纸、盐。

2. 实验步骤

先在水彩纸上用蘸着颜料的笔涂上调好的色彩，比如蓝色的天空。色彩还未干时在画面上撒上食盐，如果想要点状均匀分布的效果，要少撒盐，且颗粒不要堆在一起。如果想要一些块状效果，则可以稍微让盐堆积一些。实验过程中要注意控制好水分，避免因为水分过多形成大面积的色块。如果喜欢那种小点状的效果，就要等画面半干的时候撒盐（见图 7-38）。由于水分在画面上有渗化、流动、蒸发的特性，一定要注意水分、时间掌握得当，用水以稍饱满为宜，因

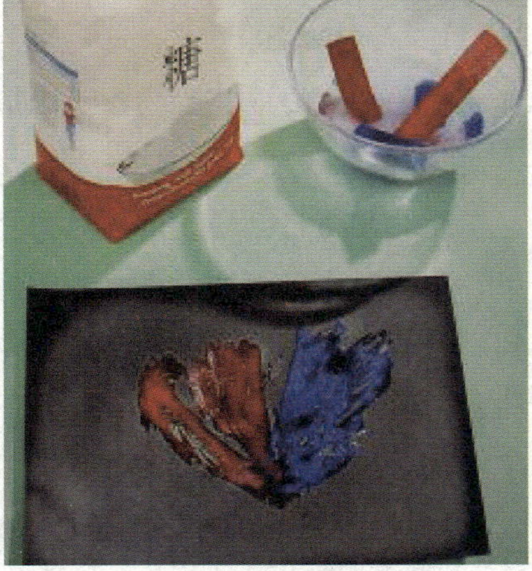

图 7-37 亨德沃瑟颜料

为如果太干不容易使颜色渗透。

图 7－38　雪花

（七）蜡染画

1．材料准备

蜡笔或油画棒、削笔刀、纸张、颜料、电熨斗。

2．实验步骤

先用削笔刀削出蜡笔或油画棒的颜色，可以多变换几种色彩，让碎屑散落在画纸上。将落有碎屑的画纸对折，或者在上面垫上报纸。用电熨斗在纸上烫一下，让里面的碎屑熔化。然后把纸张打开，用颜料把整个画面涂一遍，画面上就会形成非常有趣的图案，类似于瓷器碎裂的效果（见图 7－39）。这是因为蜡的防水性很强，有蜡的地方颜色和水分都进不去。

（八）巧克力豆的色彩

1．材料准备

彩色巧克力豆、胶卷盒、圆形咖啡滤纸、铅笔、毛笔。

2．实验步骤

让幼儿将自己喜爱的巧克力豆按色彩分类，把色彩不同的五颗巧克力放入一个胶卷盒里，让孩子往里面加一点水，盖好盖子，摇晃几下，然后再把巧克力豆取出来，这样就得到彩色的溶液。接下来用铅笔在一张滤纸的中央戳一个小孔，再拿一张滤纸，把它做成圆筒状，一端插在第一张纸的小孔上，另一端放入有彩色溶液的胶卷盒内。有趣的事情发生了——在滤纸上竟然出现了几种不同的色彩（见图 7－40）。

这是彩色巧克力溶液的色彩分解的结果，几种不同的色彩混合在一起形成了新的色彩。

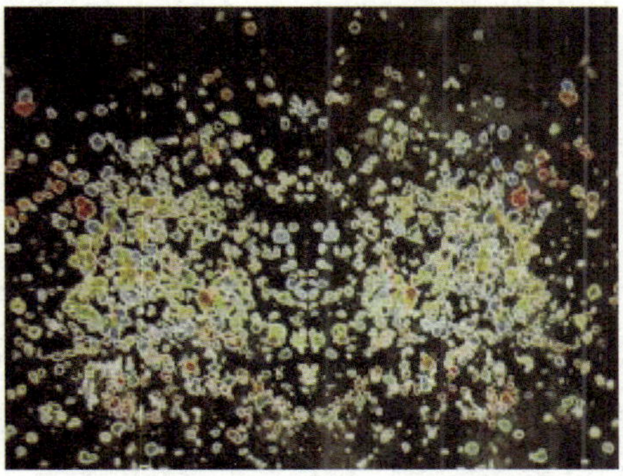

图 7－39 蜡染画

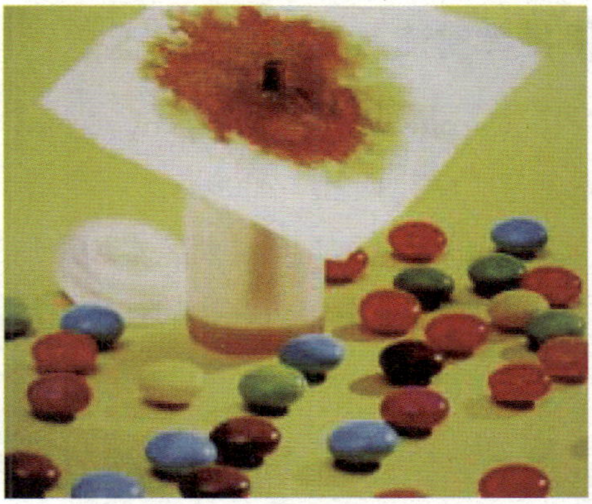

图 7－40 巧克力豆的色彩

上述的每一个色彩小实验都能体现不同的色彩原理，幼儿在不断探索和操作的过程中，潜移默化地丰富了自己的美术知识。教师带领幼儿共同参与实验，教给幼儿科学实验的方法和要领，并让幼儿自主地探索和发现，提升参与科学实验的兴趣，并且很自然地了解色彩的基本规律，激发幼儿对美工活动的浓厚兴趣。

不同年龄段的幼儿发展水平各不相同，教师应该结合幼儿自身的能力选择适当的色彩小实验。教师在组织色彩小实验的过程中，可以引导幼儿进行举一反三，充分发挥幼儿的创造力。结合科学原理和色彩基础知识，多尝试各种不同材料和不同形式的实验活动，一方面可以激发幼儿进行美工活动的兴趣，另一方面可以将美术知识更好地运用到绘画创作中，创造出富有个性、形式多样的美工作品。

本章小结

通过本章的学习，获得关于幼儿美术区域活动设计组织的一般原则与方法，结合具体的美工区域设计与组织的案例的学习，帮助教师更深入地了解幼儿美工区域对幼儿美术能力发展的意义，当然，最好的学习方法还是要将理论与实践有效地结合起来。

思考练习题

1. 简述幼儿美工区域活动的含义。
2. 简述幼儿美工区域活动的流程。
3. 简述幼儿美工区域活动的特征。
4. 简述幼儿美工区域活动环境创设的要点。
5. 试述幼儿美工区域活动组织的要点。

推荐阅读书目

1. Carole Sharman，Wendy Cross，Diana Vennis. 观察儿童：实践操作指南. 上海：华东师范大学出版社，2008.

2. 荷伯豪斯. 儿童早期艺术创造性教育. 南宁：广西美术出版社，2009.

3. 毛. 创意手作坊：我的艺术生活. 上海：上海人民美术出版社，2012.

第八章

幼儿美术教育评价

本章摘要

本章主要论述幼儿美术教育评价的内涵、意义、基本原理。通过本章的学习，了解幼儿美术教育评价不仅是对幼儿的美术学习与创作的结果以及发展状况的评估与测量，也是对教师的教学行为的评估与测量。同时，还会了解到幼儿美术教育的评价指标与具体方法。

第一节　幼儿美术教育评价的概述

一、幼儿美术教育评价的内涵

幼儿美术教育评价一方面是针对幼儿美术教育的特点和各个组成要素，通过收集与分析幼儿美术教育活动各个方面的信息，判断美术教育价值和效益的过程；另一方面是对幼儿美术教育目标、活动方案、教育内容、材料采集与运用、教育效果以及教学活动过程的实际状况等方面做出判断与评定的过程。

幼儿美术教育评价既包括对幼儿美术学习与创作的结果以及发展状况的评估与测量，也包括对美术教育本身的价值、美术教育活动中教师的观念、行动、态度、师幼互动质量、活动的组织方法与形式、教学目标的适宜性等方面的评估。可见，幼儿美术教育评价是一种整体性的评价。

二、幼儿美术教育评价的意义

幼儿美术教育评价的意义有两个维度的指向，一个是指向美术教育的核心要素，即幼儿，这就决定了幼儿美术教育评价的最终目的在于考察美术教育是否促进了他们的发展，有怎样的发展，存在着怎样的问题以及如何解决这些问题；另一个是指向在美术教育中处于指导者、观察者、协商者等角色的教师。对教师在美术教育活动中的观念、行动、态度进行评估，可以考察幼儿美术教育教学活动的实际开展是否有效地促成了幼儿的发展，也可以发现存在的问题，寻求对策，从而改进教师的行动策略，修正其教学理念、态度，以求高效地帮助幼儿全面成长。从评价的指向中可以看出，幼儿美术教育评价的意义包括诊断教育问题、反馈评价信息与促进美术教育发展三个方面。

（一）诊断教育问题

幼儿美术教育评价的诊断教育问题的意义体现在通过对幼儿美术教育评价，可以评估出美术教育存在的现实问题，幼儿个体特征与相互之间存在的差异，还可以指出问题存在的原因、影响因素等，最终达到修正或者改进美术教育活动的目的。比如，在美术教育活动中，通过考察幼儿美术作品来诊断教师的教学示范与讲解是否体现开放性特征；通过对幼儿的学习品质的表现观察来评估美术教育的目标与内容；通过考察美术活动中教师提供的美工材料的类别与难度差异来考察教师是否关注幼儿的个别化差异的特质等。

通过科学的美术教育评价能够及时地诊断幼儿美术教育目标、内容、方法、组织形式、材料等方面的问题，对于推动教师改进教学行动，更好地关注幼儿的差异性、教学方案的适宜性、材料的多样化，改进美术教育的质量大有裨益。

（二）反馈评价信息

幼儿美术教育评价最重要的任务是在美术教育过程中对各个要素进行全面考察，审视美术教育整体结构中各要素的存在是否有意义，美术教育的目标、内容、方法、材料、环境、教师的行动等是否与幼儿发展的需求相符，是否与幼儿的能力发展、经验水平相适应等。同时需要对幼儿美术创作的作品做评估，发现他们在发展水平、个体差异方面存在的一般状况。只有对幼儿美术教育过程中存在的各个要素进行综合性的考察和评价，才有可能提高幼儿美术教育的质量。

因此，幼儿美术教育过程中的各个环节：教师的教学行为、幼儿的学习行为、幼儿的美术作品都应纳入幼儿美术教育评价的体系中来。通过发现美术教育过程中的各类问题，引导教师进一步改进与调整教育行动，推广有益经验，以求不断完善幼儿美术教育教学并逐步扩大这一教学模式的适应面。

（三）促进美术教育发展

幼儿美术教育的促进意义主要表现在两个方面：其一是教育的管理层、研究者、教师应把美术教育评价作为自身的一种自觉行为，同时也应该提高自身的教育教学修养，能从科学的、客观的视角，本着为幼儿发展而评价的信念，自觉对美术教育不同类型的活动，甚至是不同的教学模式进行评价，比较各自的优劣，为幼儿美术教育的发展提供有效益的支持；其二是教师在一个相对微观的层面，自觉地对具体的美术教育教学活动中的目标、内容、方法、组织、材料、幼儿以及自身等进行评价与反思，努力为改进教学活动总结经验，以提高美术教育活动组织实施的有效性。

第二节 幼儿美术教育评价的内容

一、幼儿美术作品的评价

幼儿美术作品的评价主要是依据幼儿的美术作品，依据作品中能提炼出的信息，按照一定的标准对作品中所呈现出的幼儿的发展水平与表现能力做出评估的过程。常见的作为评估对象的美术作品一般指幼儿的绘画作品。

幼儿美术作品评价主要指针对幼儿美术学习结果的测量和评价。教师通过评价能了解幼儿当前的美术能力水平和身心发展水平，发现表现力、智力等方面存在的问题。通过评价结果，教师可以总结幼儿美术发展的一般规律，并反思教学活动中活动设计、组织、指导的实际效果，为进一步的美术教育和指导提供依据。

幼儿美术作品评价一般有具体、客观的评价标准，主要从美术创作的角度对作品的内容、形式（如构图、造型、色彩、材料和技法等）等进行具体的作品分析与评价。幼儿美术作品评价可以指向单个作品的评价，也可以是指向某类作品的评价。指向单个美术作品的评价，往往根据幼儿美术作品评价的原理，针对某一特定的作品进行分析。对某一类别的幼儿的美术作品进行评价，往往是依据一定的指标，将作品的特点进行归类，按照制定类别或者等级的方式对相应的发展水平或者特征进行评定。

（一）幼儿美术作品评价的基本原理

幼儿美术作品评价是一种简单易行的作品分析方法。对幼儿的成长属性的评价，可以依据罗恩菲尔德制定的一般评量表，从智慧成长、感情成长、社会成长、知觉成长、生理成长、美感成长和创造性成长等七个方面进行分析、评价，也就是要对幼儿的捕捉形象的能力、概括能力、分析能力、抽象能力、描述能力、表现能力①进行评价。

在幼儿美术作品评价的客观评价标准中，我们可以参考罗恩菲尔德列出的以下几条具体的标准：

---

① 杨景芝．美术教育与人的发展．北京：人民美术出版社，2007：128.

1. 作品是否在其发展阶段有足够的表现：人物、空间、色彩？
2. 技巧是否得以表现？
3. 技巧是否是幼儿作品的一部分？
4. 完成作品表现出的努力程度是怎样的？
5. 作品的细节和单独部分的意义是什么？
6. 作品的单独部分在环境中的意义是什么？
7. 幼儿遵循一种表现方式的程度为何？
8. 任何改变对作品意义的扰乱程度为何？

（二）幼儿美术作品评价的基本原则

幼儿美术作品评价要注意艺术表现形式和手法的多元化，切忌程式化、概念化。在对幼儿美术作品的赏析中，应遵循以下几个原则：

（1）适龄性。

幼儿美术是幼儿自己在生活中通过观察、体验、思考后表现出的内心感受。幼儿美术作品“伴随着幼儿成长，反映幼儿的天性，表现幼儿的思维活动，是幼儿用于表达思想感情的特殊视觉语言。由于幼儿幼稚、单纯，心灵纯洁无瑕，所以他们的画不受任何限制，也不受真实的约束，没有任何清规戒律，形成幼儿绘画作品所特有的稚拙、梦幻甚至荒诞的特点”。幼儿美术作品受幼儿“自我中心”思维方式的影响和能力、技巧的限制，作品具有随心所欲、夸张变形、稚拙简朴等特有的绘画语言。

幼儿美术作品最可贵的是其表现出的没有被雕琢过的纯真、大胆、自由，不受技法、结构空间关系的约束。对幼儿美术作品的评价，应该根据他们的年龄特点，看其作品是否与该阶段的身心发展和绘画能力相符合。教师应特别强调幼儿美术作品与成人艺术创作之间的区别。评价作品时，应牢牢把握适龄性这一基本原则，鼓励、倡导有童真、童趣的作品，不应站在成人的角度去欣赏、衡量儿童画，要求儿童画像成人那样合乎比例，并按透视关系作画。对于低龄段幼儿的美术作品，不应过分追求细致、完整，符合客观比例和空间透视关系，更不可为追求这些而抹杀了幼儿作品最可贵的童趣。同时，也应避免幼儿模仿成人概念化的形象去进行表现。如图 8-1，小作者没有用常规的画法去画树干、树叶，而是将树木拟人化，把树冠画成人脸的样子，表现了由树爸爸、树妈妈和树孩子组成的一家，充满了童趣和创意。

幼儿在各年龄段的美术表达呈现不同的特点，如加登纳所说的，“2 岁的孩子会抓起一支粉笔，在所能触及的任何东西的表面起劲地涂抹。3 岁的孩子则会画出大量不同的几何形状，包括谜一般的曼陀罗形状——把一个十字图形置于方块之中，4～5 岁的孩子则对再现对象进行不停地创造与再创造……谁也没有去教这些孩子如何去画——但令人惊讶的是，每一个正常地按其自己的进度发展起来的幼儿似乎都要经历这样的过

图 8-1 树的一家/阿莱西亚/5 岁/希腊

程”，我们一般将其分为“涂鸦期”“象征期”“概念画期”“写实期”。

在 2～4 岁的“涂鸦期”，幼儿基本将物象表现为涂鸦线、偶发图形、图形结合体等，并在画面中出现简单的构图配置。“象征期”作为一个过渡阶段，出现在 3～4 岁。该阶段的幼儿绘画的主要特点表现为创造出一些简单的图形象征符号来表现事物的基本特征，作品开始出现相对完整的构图形式。该阶段的幼儿对外界事物的描绘仍以自我为中心，所描绘的事物与真实物象差距较大。在“概念画期”，即“图式期”，儿童画仍缺乏写实性，常以符号化、程式化的图像进行表现，且不太完整。这个时期的儿童画逐渐有了较明确的主题，画面内容相对丰富起来。画面中开始呈现表达自己情感的主观色彩，但色彩的协调性仍有所欠缺。如图 8-2 所示，小作者描绘的是去超市购物的场景，画面丰富饱满，但由于受制于二维空间，在画面物象与人物的安排上，还基本处于排列没有重叠的状态。直到 7～8 岁，孩子的绘画能力逐步发展到“写实期”，对作品结果的关注，特别是作品与真实物像或临摹对象之间的相似度，开始成为他们评价作品好坏的标准。

幼儿绘画在材料使用上同样存在着适龄性的问题。与成人绘画材料相比，幼儿绘画的材料并没有什么特别的局限。只是鉴于幼儿的手部发育和技法掌握能力的发展，有些过于复杂的材料和绘画技法不适合幼儿绘画，尤其是低年龄段的幼儿，在绘画材料的选择上要尽量符合其身心发展的特点。

幼儿的绘画作品、工艺设计作品也因年龄发展阶段的不同而各具特点。教师在作品评价时应注意结合这些特点进行。

图 8-2　超市购物/马瑞安/6 岁

（2）题材性。

生活是幼儿创造性思维发展的源泉，他们的生活环境决定着绘画题材的内容，要善于从生活中发现新鲜有趣的事。从幼儿绘画题材的选择上，可以反映出他们对生活的敏锐观察力。幼儿有属于自己的独特的思维方式，所以其美术作品在内容和形式上与成人艺术创作有着很大的区别。他们取材的角度，有时是成人难以想象的，并因此具有天真、稚趣、充满想象力的特点。优秀的幼儿美术作品内容翔实具体，能够表现出他们头脑中的情感意象。

（3）创造性。

幼儿美术作品最能反映他们个性的就是作品体现的创造性。所以，一件作品是否具有独创性，是我们评价幼儿美术作品是否优秀的重要原则之一。幼儿美术作品评价应尊重个性表现，包容各种表现方式。切忌先入为主地给幼儿灌输成人创作的概念化的模式，否则会阻碍幼儿认知的发展，容易产生创造性思维的惰性，压抑其发展。在图 8-3 与图 8-4 中，两位小作者用自己本真的方式创作表达，第一位小作者描绘了小蝌蚪错把乌贼当妈妈后全都逃跑的场景；另一位表达的是青蛙妈妈呼唤小蝌蚪时，只有其中一只小蝌蚪听到并回头的场景，虽然把小蝌蚪涂得五颜六色，但又不失这个阶段幼儿绘画创作时的懵懂与童趣。

图 8-3　小蝌蚪找妈妈/马丽珂/6 岁

图 8-4　小蝌蚪找妈妈/王铭/6 岁

幼儿美术作品的创造性可以体现在多个方面，如构图、造型、表现技法、材料选择等。

（4）艺术性。

幼儿绘画受个体发展水平和个性特征影响，在表现同一题材时会产生不同的画面，表现形式多样。影响美术创作最基础的要素包括以下四方面：

第一，造型。

每个特定年龄段的幼儿，都有较为典型的造型。如 3～4 岁的幼儿喜欢画蝌蚪人，造型简单、抽象，这不仅因为受到他们认知水平的限制，也受记忆力和手部发育状况的限制。到了“写实”阶段，幼儿能根据对所观察的事物的记忆联系客观实际进行绘画。

不能一味地要求幼儿画得逼真，应该为他们创造一个自由、宽松的环境，让他们在自己的经验和观察的基础上发挥想象力和创造力。幼儿由于绘画技能有限，常常画不准形状，会画出千奇百怪的形象，例如任意拉长或缩短人物比例，扭曲面部等。在进行作品评价时，教师就不能以是否真实、是否完全符合事物现实比例作为评判幼儿作品的标准，应倡导幼儿用美术创作的方式表达自己的所感、所知，鼓励使用夸张、变形的手法表达外界给自己带来的强烈感受，真实地表达自己的内心情感。在图 8－5 中，为了突出老虎的大，特意夸大了老虎与小朋友的身体比例，用夸张变形的手法进行表现，让画面生动起来。

图 8－5 大老虎/王若愚/6 岁

第二，用色。

由于幼儿性格、个性以及生活经验的差异，幼儿对颜色的表现具有很强的个性化的特点。同样的题材，幼儿也会创作出截然不同的视觉效果。在幼儿美术作品的评价中，要尊重他们在色彩表现上的个性差异。

幼儿美术作品用色有不同于成人作品的特点，往往强调色彩的主观性，具有强烈的表现性、装饰性，用色自由、大胆，不受光源色的影响。低年龄段的幼儿尤其喜欢使用纯度高、色彩鲜艳的强烈对比色，给人以鲜明、活泼、热烈的感觉。如图 8－6 所示，作品的背景是非常鲜艳的红色，妈妈的裙子是耀眼的翠绿，色彩对比很强烈，呈现出了幼儿绘画中色彩表现的主观性特征。

图 8-6　快乐家庭/玛特罗蒂/7 岁/突尼斯

第三，构图。

低龄的幼儿没有完整的构图意识，反映在作品空间配置上无意识，物体常常杂乱无章地散布在画面当中，相互之间没有关联，更谈不上空间位置关系。随着年龄的增长，开始表现地平线式的构图。由于生活经验的不断积累，幼儿开始认识到物体之间的前后、上下、左右的空间位置关系，绘画构图开始呈现出多元化的趋势。

空间知觉是一种比较复杂的知觉，幼儿的空间知觉形成较晚，其发展依赖于他们的生活经验。由于受到空间知觉能力的限制，幼儿绘画作品中对物体的纵深关系、远近虚实关系、前后遮挡关系等空间位置的表现具有一定的特殊性，这使他们的绘画作品在构图上呈现出强烈的主观化的特点。例如，幼儿没有垂直定向的概念，常常呈现出不定向的画面，如图 8-7 当中，小作者用侧面形表现了三岔路口看到的景象，但却呈多个方向的状态，如树与马路垂直，车子依赖于地平线等等。不定向的构图会随着幼儿认知的发展而逐渐消失。所以，对于幼儿这种特殊的表达没有必要强制性地去纠正。在适当的年龄，稍加点拨就能纠正。

图 8-7　三岔路口

幼儿也常常将纵深层次表现为横向排列，将三维空间平面化，不表现物体的体积感和纵深感，常采用展开式与多视点等构图方法，甚至在一个画面中出现多种视角混合的空间配置方法。如图8-8所示，从作品的空间表现中我们会发现，既有俯视也有平视，灰色的路面采用了与画面主体平视视角完全不同的俯视角度，使画面呈现出很独特的构图形式。

图8-8 美好家园

这些构图方式都是受到幼儿心理上的“自我中心”意识的影响而产生的，也是幼儿绘画中一种独特的表现方式，体现了幼儿的纯真、自由以及丰富的想象力。

第四，材料。

材料是美术创作物化的必要工具。每种材料都有自己的艺术特征，例如油画棒的表现力体现为粗犷、自由，不同颜色重叠后能产生类似油画的厚重鲜艳的色彩效果，但对于需要精细地刻画细节的作品来说，油画棒不是一种理想的材料。再如纸板拼贴画，适合表现相对简洁、形象比较概括、抽象，轮廓较为鲜明的作品，可以利用前后重叠的纸板表现出前后重叠、遮挡的关系，但不适合表现过于写实的画面。因此，有了好的构思还需要用合适且具有表现力的绘画工具去实现。所谓材料所表现的艺术性就在于材料、技法能让画面更具表现力，更好地突出主题，是一种锦上添花的创造。幼儿绘画的材料表现要能充分体现该种材料的特性，灵活运用以表现主题。

除了材料合适以外，技法的创新也很重要。虽然现在的绘画材料越来越多，但幼儿绘画常用的种类其实并不多，考虑到操作的难易程度，复杂的、难度较大的材料会较少用到。所以，如何在这些有限的材料基础上创造出新的技法，就成了幼儿绘画创新的一种重要内容。新颖的技法能为画面增色不少。例如，近年来很多创作者在使用的综合材料，将多种绘画材料结合来创作作品，往往能获得新颖的效果。

幼儿美术作品的技法在表现上要大胆、自由，切忌小心翼翼、过分雕琢和修饰。但材料和技法毕竟只是物化的工具和途径，作品的主题、内容、造型、构图、用色等才是美术创作最基础最根本的要素。绝对不能为了追求材料和技法的创新而忽略了这些重要的因素，否则就容易使作品形式化、概念化。

二、幼儿美术学习与创作过程的评价

幼儿美术学习与创作过程的评价一般包括两个内容：一是指向教师的教学行为的评价；二是指向幼儿美术学习与创作行为的评价。

（一）关于教师教学行为的评价①

关于教师教学行为的评价往往依据幼儿美术教育教学活动现场采集的信息展开，这类评价一般会包括如下一些方面的指标：

1．关于美术学科的知识

（1）教师对各个美术符号的示范与表达是否准确。

（2）对视觉符号的示范与表达是否准确。

（3）对语言符号的示范是否准确。

2．关于幼儿的知识

（1）教师向幼儿展示的内容是否适合当前幼儿的发展水平。

- 教师提出的教学任务与幼儿的美术学习与创作能力是否相一致。
- 教师教学任务的呈现次序与幼儿的美术学习与创作能力是否相一致。

（2）美术教育教学活动展开的进度是否符合幼儿的发展水平与需要。

- 单个美术教育教学活动开展的进度是否符合幼儿的发展水平与需要。
- 整体美术教育教学活动方案的推进是否符合幼儿的发展水平与需要。

3．教学组织、方法与互动

（1）教师是否以唤起幼儿美术学习与创作的兴趣作为起点展开教学。

（2）教师投入活动的时间是否充足。

（3）教师的管理策略是否提高了美术教育教学的质量。

- 教师在活动之前是否对活动所需要的所有材料已进行了充分的准备。
- 教师是否有效地组织幼儿参与美术教育教学活动的各个环节。
- 教师是否精心安排互动，有效地维持了幼儿参与活动的热情。

（4）教师使用的教学方法是否适合幼儿发展水平、需要以及活动目标。

- 教学方法与教学目标是否相匹配。
- 教学方法是否支持了幼儿思维的参与。
- 教学方法是否为幼儿的美术学习与创作提供了必要的、合理的支架。

（5）教师是否帮助和支持了幼儿的思维与行动。

- 教师是否提供教学活动的背景知识。
- 教师是否提醒、鼓励幼儿个性化地表达与创作的行动。

4．期望

（1）教师认可幼儿的坚持与专注。

- 教师运用语言认可。

---

① 王秀萍，吕耀坚．学前儿童艺术教育．北京：高等教育出版社，2015.

- 教师运用非语言认可。

(2) 教师对幼儿有较高的学习期望，且期望合理。

- 教师鼓励、支持所有幼儿的思维参与，引导他们回答问题、主动探究。

5. 引导幼儿思维参与

(1) 教师是否要求幼儿分享、澄清、调整对某一问题的想法。

- 教师是否通过一系列提问发展和挑战幼儿的思维。
- 教师是否鼓励他们表达或解释自己的想法或表现。
- 教师是否针对不同水平的幼儿提出诸如“是什么?”“怎么样?”“为什么?”“你是如何看的?”“你可以如何?”等引导性问题。

(2) 教师促进幼儿回应。

- 教师为一个问题引出多种解决方法。
- 鼓励幼儿丰富自己的想法。
- 教师能耐心地倾听他们的回答或表述。
- 对幼儿的回应做出恰当的反馈，并积极为其他幼儿的学习或分享行为提供机会。

(3) 教师鼓励幼儿倾听同伴的想法并尝试对同伴的想法进行评价。

- 教师积极引导幼儿之间的交流。
- 教师帮助幼儿逐步养成倾听他人想法与建议的习惯。

6. 支持幼儿对美术的理解与表现

(1) 支持和帮助幼儿的理解与表达。

- 要求不同的幼儿解释同伴的表现方法与作品。
- 鼓励幼儿用自己的语言解释和表达作品的意图。

(2) 教师给予适宜的帮助。

- 教师为幼儿提供的帮助符合幼儿发展水平。
- 教师提供的信息能有效地支持他们的表达与创作。

7. 扩展幼儿对美术的理解与表现

(1) 教师再现或提炼幼儿的表现与创作的手法。

(2) 在活动后总结美术学习与创作中的关键经验。

(3) 帮助幼儿把美术学习、创作活动与其他领域的活动联系起来，或者与他们现实生活中的经验联系起来。

8. 教学评估与调整

(1) 教师对幼儿进行观察与倾听，并根据幼儿的发展水平和需要进行教学任务的调整。

- 教师基于美术教育教学活动情境的需要进行教学任务的调整。

（2）教师考虑了不同幼儿在能力与发展水平上的差异，并根据差异进行任务的调整与协商。

- 在互动情境下，教师能针对幼儿的特点进行任务调整。

（二）幼儿美术学习与创作行为的评价

在幼儿美术教育活动中，不管是在课堂教学还是在美术区域活动现场，对美术学习与创作行为的评价都会体现出美术能力与学习品质。

1. 美术能力的评价

（1）构思。

- 能否有独立的构思。
- 能否在完成构思之后再进行创作。
- 能否表现出与所处年龄阶段相匹配的构思能力。

（2）造型。

- 能否有独立造型的能力。
- 能否表现出与所处年龄阶段相匹配的造型的能力。

（3）色彩。

- 能否独立选色。
- 能否独立用色。
- 能否表现出与所处年龄阶段相匹配的选色能力。
- 能否表现出与所处年龄阶段相匹配的用色能力。

（4）创造性。

- 活动中是否有自己的想法。
- 是否个性化地利用材料进行造型。
- 在活动中是否运用了自己的语言表述作品。

（5）操作的熟练性。

- 能否正确、熟练地使用绘画或手工工具。
- 能否正确、熟练地运用绘画或手工材料。
- 能否完成作品。
- 作品质量的好坏。

2. 学习品质的评价

（1）好奇心与兴趣。

- 活动中幼儿是否会提问。
- 对教师的提问有反应。
- 回答教师的提问。

- 是否乐意与同伴合作或者是按照教师的要求去做。
- 幼儿对导入活动的反应。

（2）主动性。

- 能否回答教师的提问。
- 对教师的提问或要求是否进行了独立思考。
- 面对较难问题和创作中的困难时有何表现。

（3）坚持与专注。

- 活动开始时的投入状态。
- 对整个活动的专注程度。
- 能否坚持完成整个活动任务。
- 完成任务的过程中，遇到问题时会有怎样的表现。

（4）自我管理。

- 在活动中能否穿戴好防护衣物。
- 能否管理好自己的美术工具与材料。
- 在活动中能否遵守规则。

（5）合作与协商。

- 在活动中，同伴之间能否有肢体与眼神交流。
- 能否倾听他人的谈话或者关注他人的行为。
- 能否与他人有言语上的沟通与交流。
- 能否与同伴有着共同的目的。
- 能否对同伴进行积极评价。

（6）独立与自信。

- 能否独立完成创作。
- 是否珍惜自己的作品。
- 是否乐意与人交流或分享作品。

（7）秩序感。

- 是否清楚美术创作的步骤。
- 能否有顺序、有步骤地完成美术创作。

第三节　幼儿美术教育评价的方法

对幼儿与教师在美术教育教学过程中的表现做出评价是一个比较复杂的过程，评价指标只是一个重要的维度而已，客观的评价还需评价者具有一定的专业素养并掌握一定的评价方法。

幼儿美术教育活动评价的方法一般包括两大类：一是基于教育故事进行采集的评价方法，这类方法需要在幼儿美术教育教学活动过程中采集可用于评价活动质量的信息，同时还需要将信息根据评价指标进行编码和归类，借助于定性研究或定量研究的统计方法来分析。常见的方法有田野笔记、日记描述、逸事记录与仪器记录等方法，对教师行为与幼儿美术学习与创作行为的评价时常要用到这几种方法。二是基于幼儿在美术教育教学活动现场的表现或者美术作品，用数字或者等级的方式评定他们在美术活动中的行为与表现，为进一步开展描述性与分析性的评价打下基础。常见的方法是等级评定法。

（一）基于教育故事采集的评价方法

1. 田野笔记

田野笔记是人类学研究的一种基本方法，主要是用书面语言的形式进行记录，是观察者针对某个较大主题，在一段时间内（如半小时或一天）持续地、尽可能详尽地记录被观察对象所有的行为动作和表现，包括目标对象的全部言行，以及该对象与环境之间的相互作用与交往。田野笔记是定性观察最基本的记录方式。这种形式的记录为研究提供了大量的文字资料，不但要求观察者记录在现场所观察到的人、行为、事件和谈话，还要求对各种行为背后的意义进行诠释。但在具体的观察记录中，客观的描述和主观的印象不可混淆，描述要具体详尽，避免使用抽象、笼统和有偏见的描述。如表 8－1 所示，记录二中

表 8－1　　对同一事件的两种不同记录的比较

记录一	记录二
在纸塑工作坊里，圆圆请天天帮他绑好了气球，但当天天要请圆圆帮忙时，圆圆却不肯，天天只好自己绑，但直到纸塑坊的游戏时间结束天天、圆圆都没有成功……	今天，纸塑工作坊开了。圆圆选了一个蓝色的气球，天天选择了一个黄色气球，然后他俩开始吹气球。 圆圆一会儿就吹好了，他找了透明胶，但是没办法腾出手来粘住气球，他就请天天帮忙了（说什么），天天（说什么）放下了自己已经吹好的气球（漏气了），帮助圆圆粘气球，一会儿就帮他弄好了。 天天拿起已经漏气的气球重新吹。一会儿，天天又吹好了气球，他对圆圆说："你帮我弄一下好吗？"圆圆说："你自己弄，我在弄这个！"天天愣了一下，好一会儿后，他开始尝试自己粘气球。第一次，他将气球用手捏住，用另一只手去拿透明胶，结果气球漏气变小了。第二次，天天重新吹起了气球，将气球咬在嘴里，两只手拿着透明胶去粘，又失败了。就这样，重复了六次，都没有成功。这时老师走过去问："天天，我来帮助你好吗？"天天看着老师，摇了摇头说"不用。"他又试了三次，但都失败了。最后，天天放下气球，走到纸浆粘贴的地方，在柜子里找了根绳子，用剪刀把绳子剪短了一截。接着，天天拿起刚刚放下的气球，继续吹了起来，吹好后，用嘴巴咬住了气球，双手用绳子捆气球，又失败了。就这样，天天用绳子又尝试了三次，直到纸塑坊的游戏时间结束，都没有成功地粘好气球。……

注：此教育故事由浙江省湖州市安吉县机关幼儿园提供。

所呈现出的描述内容，符合田野笔记的基本要求，完整、详尽地记录了在纸塑工作坊活动中，小朋友学吹气球的整个过程。

上述的记录可以非常清楚地区分含混记录与具体记录。天天是怎样解决他的问题的，在解决问题的过程中往往蕴含特定的动作与情况，对其具体的行为表现进行描述，可以使记录显得不那么单薄。教师要获得幼儿美术学习或者创作行为背后深远的意义，需要仔细地去观察和理解，并结合其他资料，来探究行为的本义。

以描述事件为主要特征的田野笔记意在根据研究者的观察，描写情景、人物及其活动。它包括以下内容：

(1) 对象：他们的外貌、风格、姿势，他们如何说话、做事等。

(2) 交谈过程的再现：观察对象之间的对话，以及他们对观察者说的话。独特的话语要记录下来。

(3) 物理情景的描述：房屋的布置、物件的摆放的素描。

(4) 对特定事件的记载：谁、什么时候、在哪里以及怎样参与了这事件。

(5) 对活动的叙述：详细地描述所发生的事件及其经过。

此外，观察者记录田野笔记时应注意以下事项：

(6) 用日常语言尽可能准确地做记录，在记录过程中，不做主观的推断、解释和评价。对观察者所做的说明或解释性材料括上括号，以便与对客观事实的描述区分开来。

(7) 按行为和事件发生的原有顺序进行描述。（记录中要根据目标幼儿的活动空间或内容的变化，及时分阶段记录，以便统计某个行为或事件发生的时间与持续时间的长短。）

(8) 分层次对行为事件进行描述记录。

主要活动单元：说明主要的活动或行动，表明观察对象在做什么。如小凯与小丽在桌旁玩积木。次级动作单元：进一步说明大的活动或行动中的小动作单元。如：小丽已经搭好小熊，而小凯刚搭好小熊的身子。分子的动作单元：具体描述主要的动作是怎样进行的，即做进一步的补充说明、确定行为或事件的性质特点。

(9) 确定观察所需的时间。手记法一般控制在 30 分钟以内，条件允许可借助现代观察技术。

2. 日记描述

日记描述是对同一个或者同一组观察对象在一段较长的时间内进行反复的观察，把观察到的关于观察对象的新行为、新发展记录下来，进行研究。可以逐日记录，也可隔日记录。常用于长期对某个幼儿个体在美术教育教学活动中的各一个方面或者某一个方面进行记录，以观察了解幼儿美术学习与创作行为以及言语等发展变化过程及其原因；可由教师或者观察者对自己的整个工作过程或者经验体会做记录。

日记描述能提供较长期、较详细的第一手资料；能记录观察对象发展的真实过程、连续行为；能描述观察对象生活环境及其各种行为，有利于对行为进行质的分析，是一种针对幼儿个体或某个小群体的，对美术活动中参与主体的能力、兴趣、习惯发展进行研究和比较的理想的故事采集方法。

3. 逸事记录

逸事记录与日记描述的不同在于逸事记录主要是对美术教育教学活动中某件事的进程或者现象进行详细的描述，重视记录某种有价值的资料或信息，而不是连续记录一个特定幼儿的行为和发展。比如，记录幼儿如何解决穿针的问题，关注行为的发生和表现；或研究幼儿在手工制作中表现出的协同合作的行为，亦可以记录教师在美术教学活动中对某个随机事件的解决过程。坚持用逸事记录的方法采集一定数量的教育故事，按照教育故事的性质进行相应的分类汇总，运用质性研究的理论，可以获取有益的启发。比如通过对一定量的、关于幼儿手工活动协同合作行为的分析，有可能获得关于特定年龄的幼儿在特定区域遇到特定材料时可能出现的问题的共性特征，也能获得他们在协同合作时的合作状态与水平，这些对于教师的决策很有裨益。

4. 仪器记录

仪器记录是指运用摄像机、录音机、照相机等仪器对幼儿美术教育活动中的事件和观察对象的行为进行记录的方法。该观察记录方法只是一种辅助性手段，能帮助教师在反复回顾现场基础上，检验先前的记录。

在仪器记录中，摄像与录音是最常见的两种记录形式。这种方法能记录观察对象在美术教育活动中的各类行为，也为当事人对自己行为进行观察创造了条件。仪器记录为观察研究提供了永久性的记录，是为其他记录方式提供检查的可靠依据，便于反复、细致地研究观察现场，可以对一些细小的问题进行深入的研究、探讨。但是，这种方式由于比较显眼，容易对观察对象造成干扰，影响观察的有效性。所以观察者必须要掌握一些进入现场的技巧，熟练掌握仪器的操作技巧，理解研究目的，对观察内容要有较高的敏感性，并能有效地对场景进行取舍，最大限度地降低对观察对象的干扰。

（二）基于等级评定的美术教育评价

基于等级评定的美术教育评价运用比较广泛，既可运用于对幼儿美术作品的评价，也适用于对幼儿在美术学习与创作过程中的行为或者品质的评价。

等级记录是指观察者带着某种目的，对观察对象进行多次观察，然后用某种等级评定量表对所要研究的特性加以评定的观察记录手段。它一般不需要马上进行记录，往往在事后依赖视频、文本材料或者记忆，对行为或者品质做出评定并做出相应的评估，而不是描述。如果是针对美术作品，只需要依据相应的评定指标与等级进行评定就可以了。基于等级评定的美术教育的目的在于通过观察某一个幼儿或具有某些共性特征的儿童的美术作品、行为，对这些对象进行等级评定，得出他们的一般特征。

等级记录中经常运用的等级量表形式有数字评定量表、描述评定量表、累计评定量表等。

1. 数字评定量表

数字评定量表是用数字来代替等级内容的描述，即对所要描述的等级类型赋予数字顺序。常用的形式有 3 点量表与 5 点量表。如评定幼儿的美术构思能力时，可以运用以下 3 点量表：

3	能事先构思出表达的主题与画面内容，动手之后能围绕事先的构思展开创作
2	能预先构思出部分内容或者主题，完成之后再进行下一步构思
1	先动手后构思

这 3 个数字所代表的幼儿的构思能力由强到弱。

2. 描述评定量表

描述评定量表是以文字来描述各类行为的价值程度，通常对文字描述的等级类型赋予数字就可转换成数字评定量表。如表 8－2 所示幼儿在美术活动中的自我管理能力等级记录表可以转换为 3 点量表。

表 8－2　幼儿在美术活动中的自我管理能力等级记录表

评定项目	等级		
	总是能	有时能	从未能
能穿好工作衣			
能收拾整理桌面			
能将美术工具归位			
能将美术材料归位			
能帮助同伴进行整理			
总计			

注：运用这种评定量表时必须明确对每个等级的操作定义，以确保评定的客观性。

3. 累计评定量表

累计评定量表由一系列评定项目所组成，每个项目作为综合特征的一部分独立表现。评定者先对每个项目做出判断，最后以各项目分数总和或平均数作为得分，必要时可以依据总得分划定等级。需要指出的是，这类等级评定方法需要多次观察以后才能出相对客观的结论。例如，以幼儿在美术创作活动中的独立性的评定为例，可以列出能自己独立完成和不能自己独立完成的项目清单，并明确能自己独立完成和不能自己独立完成的操作定义，观察者就可据此进行评定（见表 8-3）。

表 8-3　幼儿在美术创作活动中的独立性评定项目清单

观察对象	美术创作活动中的独立性	
	能自己独立完成	不能自己独立完成
1		
2		
3		
4		

又如表 8-4 所示，要对一名幼儿教师处理活动常规情况做评定，可以列出与活动常规有关的积极与消极的行为清单，观察者就可进行评分。

表 8-4　幼儿美术教育活动中教师促进幼儿回应项目清单

积极、肯定	消极、否定
● 教师由一个问题引出多种解决方法 ● 鼓励幼儿丰富自己的想法 ● 教师能耐心地倾听他们的回答或表述 ● 对幼儿的回应做出适宜的反馈，并恰当地为其他幼儿的学习或者分享提供机会	● 教师不能由一个问题引出多种解决方法 ● 教师没有能够鼓励幼儿丰富自己的想法 ● 教师急于告知幼儿自己的想法 ● 对幼儿的回应简单机械，不能适时地为其他幼儿提供学习与分享的机会

在运用累计评定量表进行记录时，要求观察者的观察活动持续相对长的时间，以确保能准确地记录被观察者的所有特征。在进行结果汇总时，如果有常模就根据常模确定等级，如没有常模，可以根据实际情况，通过估算能与不能做的次数来确定相应的等级，再进行结果的汇总分析。

在幼儿美术教育评价中运用等级记录的方法比较简单也比较经济。但等级记录在本质上是主观的，常伴有主观的偏见。另外，不同的观察者对同一等级的理解可能存在差异，容易造成评定等级误差。因此，在运用等级记录时，应注意以下几个方面：

（1）等级记录应在多次观察的基础上进行。观察次数多可以有效地避免观察的偶然性与片面性，提高观察的客观性与可靠性。

（2）对评定等级要确定具体的标准。如在等级评定记录中，要注重对不同等级评定量表的综合运用，以提高研究的可操作性。在实际研究中，累计评定量表可以与描述评定量表、数字评定量表结合使用。以表 8-3 美术活动中的独立性评定为例，观察者可以通过 10 次实地观察，然后按照 8～10 次能独立完成为好、5～7 次能独立完成为中、4 次或 4 次以下为差的顺序评定等级。

（3）尽量避免评分过高或过低的情况，防止评定者产生主观偏见。

（4）最好由两个或两个以上的评分者进行评分。多个评分者的评分差异可以在商量讨论的基础上，采用平均分来平衡。也可在去掉最高分与最低分之后，求平均分来确定等级。

本章小结

幼儿美术教育评价是一个复杂的系统工程，这里所涉及的更多还是一些关于评价理念、评价维度的一些粗略指标。要展开客观、有效的幼儿美术教育评价工作，需要评价者有正确的美术教育观念，了解幼儿美术能力发展的一般规律与特征，还需要有较好的教育教学设计与研究的基础，当然，观察研究能力与统计分析的能力也是不可或缺。总之，幼儿美术教育的评价需要在幼儿发展与教育的大视野中展开。

思考练习题

1. 简述幼儿美术教育评价的内涵，谈谈你的理解。
2. 简述幼儿美术教育评价的意义。
3. 结合一个具体的幼儿园美术教学活动的情境，对教师的教学行为进行评价。
4. 结合幼儿美术作品评价的一般原理，尝试评价不同年龄阶段儿童的绘画作品。

推荐阅读书目

1. 赫维茨，戴. 儿童与艺术. 长沙：湖南美术出版社，2008.
2. 朱家雄. 学前儿童美术教育与活动指导. 上海：华东师范大学出版社，2014.
3. Carole Sharman，Wendy Cross，Diana Vennis. 观察儿童：实践操作指南. 上海：华东师范大学出版社，2008.
4. 荷伯豪斯. 儿童早期艺术创造性教育. 南宁：广西美术出版社，2009.

参考文献

［1］吕耀坚，孙科京．幼儿艺术教育与活动指导．北京：北京师范大学出版社，2012．

［2］李全华，吕耀坚．儿童美术创作．北京：高等教育出版社，2011．

［3］王秀萍，吕耀坚．学前儿童艺术教育．北京：高等教育出版社，2015．

［4］吕耀坚．论幼儿园美术教育．幼儿教育（教育科学版），2010（12）．

［5］李季湄，冯晓霞．《3～6岁儿童学习与发展指南》解读．北京：人民教育出版社，2013．

［6］贝蒂．幼儿发展的观察与评价．7版．北京：高等教育出版社，2011．

［7］侯素雯，林建华．幼儿园美术活动这样做．上海：华东师范大学出版社，2014．

［8］王娆．幼儿美术语言的习得与表现．西安：陕西师范大学，2015．

［9］赫维茨，戴．儿童与艺术．长沙：湖南美术出版社，2008．

［10］教育部．幼儿园教育指导纲要（试行）．南京：江苏教育出版社，2002．

［11］马林．陈鹤琴关于儿童美术教育的理论．中国美术教育，1997（5）．

［12］刘宣．幼儿美术教育．北京：中央广播电视大学出版社，2008．

［13］屠美如．儿童绘画发展阶段初探．中国美术教育，1988（1）．

［14］王大根．美术教学论．上海：华东师范大学出版社，2000．

［15］朱家雄．学前儿童美术教育．上海：华东师范大学出版社，2006．

［16］阿布都克里木．日本幼儿美术教育评介．美术，2012（6）．

［17］蔡文宇．日本幼儿美术教育内容对我国的启示．艺术教育，2014（9）．

［18］尹少淳．夯实美术教育的基础：阿恩海姆美术教育思想评析．中国美术教育，1998（4）．

［19］陶金鸿．赫伯特·里德的艺术教育思想简述．中国美术教育，1998（2）．

［20］杨鸿砚．赫伯特·里德艺术教育思想释评．西北成人教育学报，2003（1）．

［21］加德纳．智能的结构．北京：中国人民大学出版社，2008．

［22］许卓娅，孔起英．艺术．南京：南京师范大学出版社，1997．

［23］郝维茨．儿童与艺术．长沙：湖南美术出版社，2008．

[24] 边霞. 幼儿园美术教育与活动设计. 北京：高等教育出版社，2009.

[25] 张奇. 儿童审美心理发展与教育. 北京：北京师范大学出版社，2000.

[26] 陈帼眉，姜勇. 幼儿教育心理学. 北京：北京师范大学出版社，2012.

[27] 陈宏. 论美术创作的思维方式. 西华师范学院学报（哲学社会科学版），2001.

[28] 孔起英. 幼儿园美术领域教育精要：关键经验与活动指导. 北京：教育科学出版社，2015.

[29] 边霞. 幼儿园美术教育与活动设计. 北京：高等教育出版社，2009.

[30] 爱泼斯坦，特里米斯. 我是儿童艺术家：学前儿童视觉艺术的发展. 北京：教育科学出版社，2012.

[31] 顾菁. 在美国幼儿园上美术课. 上海：华东师范大学出版社，2015.

[32] 布约克沃尔德. 本能的缪斯. 上海：上海人民出版社，1997.

[33] 许卓娅. 艺术教育是幼儿全面发展教育的重要组成部分. 幼儿教育，2001 (11).

[34] 丰子恺. 丰子恺美术夜谭. 上海：上海人民美术出版社，2004.

[35] 朱家雄. 幼儿园课程. 上海：华东师范大学出版社，2003.

[36] 艾德华. 像艺术家一样思考. 哈尔滨：北方文艺出版社，2006.

[37] 雷伯. 心理学词典. 上海：上海译文出版社，1996.

[38] 黎荔，李建群. 艺术导论. 西安：西安交通大学出版社，2008.

[39] 屠美如. 屠美如文集. 南京：江苏教育出版社，2008.

[40] 阿恩海姆. 艺术与视知觉. 长沙：湖南美术出版社，2008.

[41] 里德. 通过艺术的教育. 长沙：湖南美术出版社，1993.

[42] 杨景芝. 美术教育与人的发展. 北京：人民美术出版社，2007.

[43] 唐松梅，周慧萍. 从美出发：聚焦幼儿审美经验建构. 南京：南京师范大学出版社，2016.

[44] 佩洛. 艺术语言：以探究为基础的幼儿园美术活动. 北京：教育科学出版社，2011.

[45] 张明红. 给幼儿园教师的 101 条建议. 南京：南京师范大学出版社，2007.

[46] 俞春晓. 幼儿园集体教学活动设计方法与实例. 北京：中国轻工业出版社，2012.

[47] Carole Sharman，Wendy Cross，Diana Vennis. 观察儿童：实践操作指南. 上海：华东师范大学出版社，2008.

[48] 荷伯豪斯. 儿童早期艺术创造性教育. 南宁：广西美术出版社，2009.

[49] 毛. 创意手作坊：我的艺术生活. 上海：上海人民美术出版社，2012.

[50] 程英. 学前儿童艺术教育活动与指导. 上海：华东师范大学出版社，2015.

后　记

教材的编写是一个繁杂的系统工程，《幼儿美术教育与活动指导》教材编撰的顺利完成，得益于一个积极投入，有理论、重实践的创作编写团队。

在编写过程中，编写团队频繁互动、互通有无，积极主动协商，确保大家能在认识统一的基础上展开文本的编撰工作。各位参编教师积极投入，广泛查阅资料，认真编写，还将自己多年研究的成果无私地编入教材，提高了本教材的含金量。衷心地感谢参编教师的辛勤劳动和无私奉献，感谢研究生于少华与李林真对文稿所做的认真校对。

本书的成形和出版建立在对大量国内外学者的研究成果的引用和借鉴的基础上，也是对一线美术教育教学实践经验的归纳和总结。

图书在版编目（CIP）数据

幼儿美术教育与活动指导/吕耀坚，何海波主编．—北京：中国人民大学出版社，2019.1
21世纪学前教师教育系列教材/朱家雄总主编
ISBN 978-7-300-25306-0

Ⅰ.①幼… Ⅱ.①吕… ②何… Ⅲ.①学前儿童-美术教育-师范学校-教材 Ⅳ.①G613.6

中国版本图书馆CIP数据核字（2017）第322333号

21世纪学前教师教育系列教材
总主编 朱家雄
幼儿美术教育与活动指导
吕耀坚 何海波 主编
You'er Meishu Jiaoyu yu Huodong Zhidao

出版发行 中国人民大学出版社
社　　址 北京中关村大街31号　　**邮政编码** 100080
电　　话 010－62511242（总编室）　　010－62511770（质管部）
010－82501766（邮购部）　　010－62514148（门市部）
010－62515195（发行公司）　　010－62515275（盗版举报）
网　　址 http://www.crup.com.cn
http://www.ttrnet.com（人大教研网）
经　　销 新华书店
印　　刷 北京宏伟双华印刷有限公司
规　　格 185 mm×260 mm　16开本　　**版　　次** 2019年1月第1版
印　　张 12　　**印　　次** 2023年2月第4次印刷
字　　数 220 000　　**定　　价** 39.80元